一口氣讀懂15本哲學經典名著

世界第一好懂的哲學課

小川仁志——著　鄭曉蘭——譯

前言——代替入學簡介的引導說明

日本近來掀起罕見的哲學熱潮，成為街頭巷尾的熱門話題。或許，許多人會因此興起「哲學到底是什麼玩意兒？」或是「就來讀些哲學吧」這樣的念頭。我想也會有人跟著翻開康德、馬克思等哲學家的名著。

但接下來每個人恐怕只會感到驚愕莫名。因為實在太難懂了。遺憾的是，這些哲學書籍並無法為大家開啟通往哲學世界的大門。即便是我想要閱讀那些哲學名著，同樣也對內容感到一頭霧水。

上述情況的原因很多。其中之一，在於大多以外文寫成的哲學書藉在經過翻譯後變得艱澀難懂。另外則是所謂的**哲學是一門探求事物本質的學問**，必須在字裡行間思考出言下之意。若只追逐字面上的意義，便難以理解箇中含義。

想要理解哲學，得具備看出話中意涵的知識與思考能力。因此，隨著年齡增長以及人生經驗日益豐富，在每個不同階段閱讀哲學書籍，也會有更為深刻的領略。

話雖如此，應該會有人覺得就算本身沒有什麼知識或人生經驗，也想要以自己的方式體驗哲學的樂趣。這樣的話，又該如何是好呢？理想的情況是藉由參與大學課程等方式，爭取機會去聆聽專家的詳盡解說。只不過並非每個人都做得到。

於是，我才想在本書中展開課程，**以淺顯易懂的方式解讀哲學名著**。內容是以我擔任老師的角色，同時還有三名假想參加者，每堂課鎖定一本哲學書籍為主題進行解讀。

名著選擇方面，**以大家耳熟能詳的作品為主，加上容易閱讀做為優先考量**。因為我希望大家在讀完本書後能夠親自挑戰閱讀原著。本書的撰寫順序依循希臘時代乃至於現代等各個時代著名哲學家的脈絡，同時考量最近的流行，在最後增加數本歐美的政治哲學書籍。這十五堂課相當於大學一學期的教學時間，分量應該相當適中。至於希望挑戰各類哲學書籍的讀者，書中也列舉了相關書籍，請務必參考看看。

此外，本書課堂中的假想參加者並不見得熟悉哲學。所以，**期盼各位能想像自己也正參與其中，慢慢閱讀下去**。在此先介紹三名參加者。

今日子——對哲學有興趣的女高中生（十多歲．女性）

哲夫——對人生感到苦惱的上班族（三十多歲．男性）

宗吾郎——甫退休，準備展開人生第二個階段（六十多歲．男性）

關於本書所引用的名著文句，原則上以現有的翻譯書籍為依據，不過為求容易理解，也會適度變更譯文。

那麼，就讓我們和他們一起共同享受與哲學邂逅的豐富又愉快的時光吧！

目錄
Contents

目錄
Contents

LESSON 1
何謂每天幸福快樂的生活方式？

亞里斯多德
《尼各馬科倫理學》

Aristotle
Nicomachean Ethics

以宏觀角度思索人生整體

老師——「世界第一好懂的哲學課」終於開課了。我希望在這裡和大家一起解讀世界哲學名著。這裡所提及的名著，囊括從古希臘到現代形形色色的作品。基本上依照時代順序平均加以選擇。可以請各位參加者先簡單自我介紹嗎？

今日子——啊，初次見面，我是今日子。目前就讀本地的女子高中。因為對哲學很有興趣，才來參加課程。請多多指教。

哲夫——我是哲夫，三十多歲的上班族。我想對人生進行多元思考，所以來參加課程。不過，我完全沒有哲學這方面的知識。今日子，妳可要教我喔。

宗吾郎——我想我是當中年紀最長的，今年春天剛從公司退休。我想試著讀讀哲學，為人生的第二階段增添樂趣。我叫宗吾郎。

老師——如果各位有不懂的地方，可以盡量提問。也請多多指教。那麼我們就趕緊進入課程主題吧。今天要討論的是古希臘哲學家亞里斯多德的名著《尼各馬科倫理學》。大家知道亞里斯多德嗎？

今日子——他是柏拉圖(Plato)的弟子，也是實在論者。我聽說在拉斐爾的畫作〈雅典學院〉(The School of Athens)中，觀念論者柏拉圖以手指天、亞里斯多德以手指地的情景，就是象徵兩人思想的差別。

老師——太棒了。今日子也讀過《尼各馬科倫理學》嗎？

今日子——我讀過他的《政治學》(*Politics*)，不過沒讀過這部。當我知道**亞里斯多德是亞歷山大大帝的老師**之後，就對他的政治思想產生興趣。他應該也創辦過學校吧。

老師——沒錯。《政治學》也很有名，是一本相關著作。今天也會談到。

哲夫——今日子，妳好厲害。老師，那個「尼各馬科」是什麼啊？

老師——大家對這一點其實並不清楚，有一說表示是**亞里斯多德兒子的名字**。這本書好像是為紀念他兒子所寫的，才會慢慢被冠上這個名稱。

宗吾郎——我以前都不知道呢。

老師——**之後我也來陸續補充一些諸如此類的小知識吧**。光是要閱讀這麼艱澀的書籍，大家應該也會覺得累吧。畢竟這部作品原本可是有十卷呢。不過翻譯成文庫本(日本平裝口袋書)之後，變成了兩本。

我們很難逐一解讀所有內容，主要先來看看核心部分。首先這本書所描寫的，一言以蔽之，即希臘文中的「eudaimonia」，也就是關於幸福*。如何才能**在人生中得到幸福**，第一卷便以這方面的內容做為核心。

今日子——可是沒辦法一直都很幸福吧。

老師——這就是重點了。亞里斯多德是以宏觀角度思索人生整體。據他所言，「若無法觀照人生整體，便無法對於是否為活得有價值的人生做出絕對性的判斷」。所以，沒有單一的評判標準。而他所謂的eudaimonia可說是由多種要素所構成，像是快樂、友情或富有等。

哲夫——我覺得特別是富有，就某種程度來說，和一個人的際遇有很大的關係吧。

老師——亞里斯多德並不這麼認為。我想因此才會有這部著作，他重視的是行動。而且，每個人都能以各自理性的力量開創人生新局。他就這一點舉出理想的人生為參與國事的人生，以及觀照的人生即純粹探求真理的人生。和這些相反的極端則為快樂的人生。

何謂「好事」？

宗吾郎——意思是說人生評價存乎於心？

老師——所以他很重視人的品格，也就是德性。第二卷即以德性為主題。亞里斯多德說，雖然藉由教育能夠習得優越智識，不過德性和理性兩者毫無關聯，是教不來的。必須藉由訓練慢慢培養。

宗吾郎——也就是熟能生巧。

老師——是的。善良或勇氣不論再怎麼教，都無法經由口語傳授。

哲夫——換句話說，能以良善之心待人，或發揮勇氣採取行動的人便是有德性之人囉？

老師——準確來說，有點不同。亞里斯多德是這麼說的，「德性與人類的行動和熱情相關，而所有的熱情和行動都伴隨著快樂和痛苦。因此德性也與快樂和痛苦

＊部分學者認為譯作蓬勃煥發（flourishing）較幸福一詞來得接近原意。

相互關聯」。亦即德性不僅根據個人做了什麼而定，**也根據此人是基於何種好惡做了什麼而定**。

今日子——意思是勉強去做也沒意義囉。像是讓座給老人家，或許有些人是顧慮旁人眼光才勉強讓座的。

老師——就是這麼回事。所以，毫不猶豫去做好事的人才是有德之人。

哲夫——老師，我們剛剛一直圍繞在「好事」這一點，可是我認為它的實質內容才是問題所在吧。

老師——真是一針見血啊。就像你說的，亞里斯多德把所謂的「好事」稱之為「中庸」。

今日子——中庸是「恰如其分」的意思嗎？

老師——話雖如此，不過那個「恰如其分」的含義才是問題核心。中庸無非是在適當的時候，對於適當的事物或適當的人，基於適當的理由，以適當的方法，表現自身情感。

宗吾郎——這不就單純是尺度拿捏的問題而已嗎？

老師——是的。我們來看看亞里斯多德是怎麼形容的吧。「恐懼、自信、欲望、

中庸

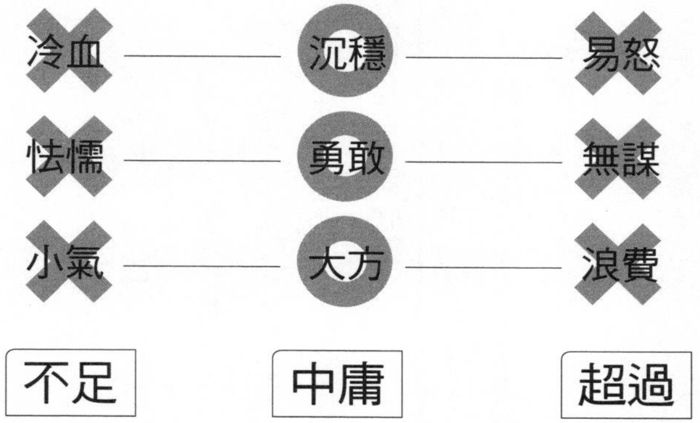

將愉悅或不快的情感保持在適當、恰如其分的狀態就是中庸

憤怒、憐憫等愉悅或不快的情感，可能過於強烈或者不足，這兩種情況都不好。在適當的時候，對於適當的事物或適當的人，基於適當的動機，以適當的方法，感受上述愉悅或不快的情感即為中庸，同時也是至善，也稱之為德性」。

今日子——這麼說來，在某些情況下憤怒也可能是件好事囉？

老師——沒錯。因為是否稱得上中庸，還必須根據不同狀況加以判斷。

哲學與麵包的烤成狀態

哲夫——那要怎麼判斷呢？

老師——用理性。

哲夫——出現了！用理性啊。

老師——大致上也可以用「思考判別」一詞加以替換。亦即在各種不同狀況下，好好判斷後做出決定。這並沒有一般性原則。亞里斯多德表示，「只有在場的人才知道麵包的烤成狀態」。

今日子——麵包？還真時髦呢。

老師——我們就繼續進入第三卷囉。這裡討論的是自己的選擇，以及伴隨而來的責任。亞里斯多德將行為分成「自願行為」、「違反自願行為」與「非自願行為」三種。

哲夫——自願行為？

老師——說得簡單明瞭一點，就是「意志行動」、「違反意志行動」、「非意志行動」

的意思。

哲夫——這樣我就懂了。

老師——我就換成這樣的詞彙加以說明吧。首先，關於意志行動方面，人負有當然責任。在此情況下可能獲得稱頌，或者招致責難。而關於違反意志行動方面，倘若是壞事就必須懇求原諒，若是可憐的事就會受到同情。

宗吾郎——我只有「違反意志行動」這一點搞不懂……

老師——根據亞里斯多德的說法，這又分成兩種類型：一是外在原因所致，其次則是無知。所謂的外在原因，也就是有不可抗力的物理力量作用的情況。像是船上貨物因風暴而落入海中。不過這裡必須注意的是，有些案例縱使上述那種不可抗力的物理力量並未作用，也可能會被迫做出某種行為。

今日子——像是沒有風暴，卻因為船快沉了而不得不將貨物扔到海中？

老師——正是如此。船快沉了而不得不將貨物扔到海裡的情況，的確是違反意志行動，不過卻是根據本身意志所採取的行動。亞里斯多德稱之為「混合行為」。混合行為的情況中，同樣是違反意志的行動，也能將它正當化。

哲夫——照這種邏輯思考，肇因於無知的行動好像就不能經常加以正當化了。

行動

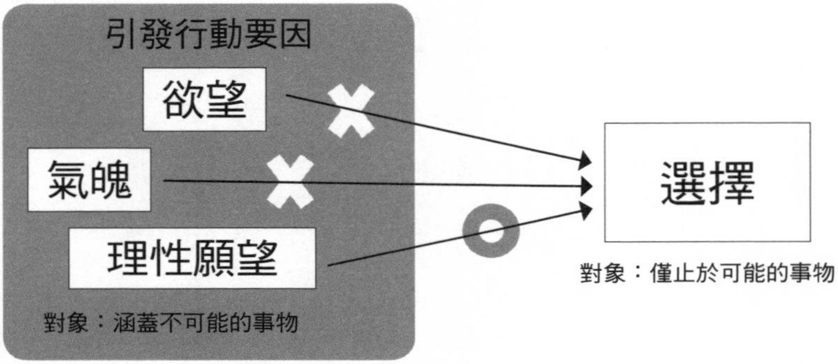

擁有自制力的人
會根據「選擇」而非「欲望」行動

老師——倒也不能這麼說。亞里斯多德認為，不知情的話就沒辦法了。只有假設當時知情，當下應該會採取其他行動的情況才能加以正當化。

哲夫——還真嚴格啊。

想成為社長嗎？

老師——這一點也會慢慢與他的「選擇」概念相結合。亞里斯多德表示，引發人類採取某種行動的要因包括欲望、氣魄和理性願望這三項。那麼選擇所對應的是哪一項呢？

宗吾郎——可以確定一定不是欲望吧。

老師——沒錯。亞里斯多德說，「缺乏自制力的人會根據欲望行動，不會根據選擇行動；擁有自制力的人則會根據選擇而行動，並不會根據欲望行動」。

今日子——所謂的自制力就是選擇，也是理性願望吧？

老師——是的。選擇需要理性。不過根據亞里斯多德的說法，嚴格說來兩者還是有所不同。理性願望的涵蓋對象包括不可能的事物，而選擇僅止於可能的對象。

哲夫——「想成為上帝」是理性願望，「想成為社長」就是選擇吧。就我來說，兩者都不可能就是了。

老師——那麼順帶一提，「想成為總理大臣」是屬於哪一種呢？

哲夫——這是有可能的，所以是選擇囉？

老師——不對喔。亞里斯多德說過，必須仰賴他人決定的行為就不是選擇的標的。而總理大臣是被選出來的。

今日子——老師，先前提到選擇是理性的行為，可是有時選擇也可能是不經過思考的，那也算是選擇嗎？

老師——那就不是囉。亞里斯多德也曾以「深思熟慮後，根據本身意志所做出的行為」來表現選擇的概念。也就是有個目的，為達成目的而深思熟慮。

宗吾郎——意思是說，為了成為社長，仔細調查擔任社長的工作內容，對此深入思考嗎？

老師——這也有點不同。亞里斯多德說，**為達成目的而深思熟慮，並非針對目的深思熟慮**。我們來看看他所舉的例子吧。「醫生不會為了要不要治療病患深思熟慮，辯論家不會對要不要說服聽眾深思熟慮，政治家也不會對於施行德政與否深思熟慮。一般而言，任於何人都不會對於目的深思熟慮，而是首先設定目的，接著考慮該如何達成目的。」

哲夫——醫生治療病患本來就天經地義的嘛。所以只會針對治療方式深思熟慮……

人的性格由環境決定？

今日子——意思是說深思熟慮的結果就是選擇，然而有時不選擇也可能是種選擇吧？

老師——那就是「自由意志的問題」。亞里斯多德確實說過，人也有採取不正當行動的自由，所以才必須負起責任。

宗吾郎——這點我了解，不過根據亞里斯多德的理論，他曾經說過人的性格由環境決定。比方說，倘若在貧民窟長大的孩子與犯罪沾上邊，他也不認為全都是那些孩子的錯。

老師——你說得沒錯。亞里斯多德表示，「人類也可能陷入各種不可能矯正的惡中。但即便是在那種情況下，就像不治之症只要在初期及早治療也可能痊癒般，人應該要為自己成為什麼樣的人負起責任」。

哲夫——就某種程度而言，自己還是要為本身性格負起部分責任吧。

老師——是的。因為「理想性格的形成」也是亞里斯多德探討的核心，所以他對這一點特別堅持。正好在第三卷中有相關描述，我先來介紹一下吧。談到亞里斯多德所謂的理想性格，你們會想到什麼？

今日子——勇敢或節制之類的嗎？

老師——這些都包含在內呢。既然妳都提到了，我們就從勇敢和節制談起吧。勇敢確實是最先提到的。這是因為古希臘時代經常發生戰爭，對人們來說這樣的性格非常重要。

哲夫——那時候的人覺得愈勇敢愈好嗎？那我在古希臘不就是個窩囊廢囉。

老師——沒這回事。這裡還是要以中庸的概念來進行討論較為妥當。所以過於懼怕的人會被視為懦弱，毫無所懼的人也會被視為魯莽無用。而勇敢介於兩者之間。接下來要談的節制，同樣介於放縱與麻木之間。

宗吾郎——我對於亞里斯多德所說的性格中，最先想到的是正義。

老師——關於正義的研究，就占了第五卷的所有篇幅喔。這是因為正義不像勇敢和節制，比較不容易說明。大家認為「正義」的極端或不足的狀態是什麼呢？

智慧有兩種

哲夫——好難的問題喔。我本來就不太了解正義的意義。

老師——那我們先來確認正義的意義吧。亞里斯多德所說的正義，其實就是公平。

今日子——原來如此。這樣的話，要去假設極端或不足的狀態的確很困難。

哲夫——咦？為什麼？

今日子——如果比公平均分的分量拿得多是不正當，但拿得少就不能說是不正當吧？

哲夫——原來如此。

老師——亞里斯多德是這麼說明的，「正義雖可稱之為中庸，不過和其他同為中庸的優良性格情況不同。正義的意義單純只是位於兩個極端不正當的中間位置。所謂的正義，指的是正當之人選擇正當行為，和他人或兩個他人之間，根據本身應得資格以比例分配的性格傾向」。

宗吾郎——現代也都繼承了這樣的正義論吧。

老師——現代理論深受亞里斯多德的影響是毫無疑問的，有機會再來介紹現代的正義論。那麼，讓我們進入第六卷吧。在此，卓越智慧成為探討的問題。也就是一直被稱作智慧美德的概念。亞里斯多德又把這樣的概念一分為二，分別是理論性的與實踐性的。

今日子——所以，智慧分成兩種囉。

老師——是的。優於理論智慧的為「理智」，優於實踐智慧的為「思考辨別」。理智是針對事物進行演繹判斷的理論性思考。這點應該沒問題吧。那麼思考辨別又是什麼呢？

哲夫——印象中好像是賢人必須具備的要素耶。

老師——這個說法不錯。所謂的賢，等於擁有思考辨別的能力。讓亞里斯多德來解釋的話，具備思考辨別能力便具備卓越能力，得以正確判斷何者為善。

今日子——那智慧犯就不算是賢人吧。

老師——不算囉。**不管頭腦再怎麼優秀，若不以善為目的便不能稱之為賢**。就這層意義來說，優越性格與思考辨別的關係密不可分。所以，亞里斯多德才會說孩子也可能擁有理智，但思考辨別必須憑藉經驗與年齡的累積才可能擁有。

和亞里斯多德一起醉

宗吾郎——不過擁有思考辨別能力的人也可能會犯錯吧。這又是怎麼一回事？

老師——這是亞里斯多德在第七卷討論的「意志薄弱」的問題。即便擁有思考辨別能力，知道何者為善，有時卻可能無法實踐。好比明知貪杯酒醉會給其他人添麻煩，卻還是照喝不誤。

哲夫——老師，這例子真是戳到我的痛處了。我常常這樣。亞里斯多德有說這種情況是身不由己的嗎？

老師——很遺憾，沒這回事。對亞里斯多德來說，人類是追求eudaimonia，也就是幸福的存在體，所以他並不認同明知對自己是負面的，仍採取行動。

今日子——但實際上人還是會採取那樣的行動吧？豈不相互矛盾？

老師——為了解決這樣的矛盾，他是這麼說的：「這裡所產生的問題在於當一個人暴露出意志的薄弱時，擁有多少正確知識。」

今日子——意思是說，意志薄弱的人因為知識不足，才會採取對自己是負面的行動？

老師——正是如此。貪杯的人當下只想著能獲得的快樂，而知識於此同時便戛然而止。

哲夫——一般人都這樣嘛。亞里斯多德身為實在論者卻不認同這一點，真傷腦筋。

老師——他就是在認清現實後，才提出這樣的理想。這也和他的政治論有關。第八和第九卷即政治論。也有人說是友情論，不過應該也能延伸為社會關係吧。他在書中同時論及理想的政治型態就是明證。

宗吾郎——理想的政治型態不就是民主主義嗎？

老師——說到重點了。亞里斯多德對於不論社會地位為何，所有公民都能以平等地位參與的民主制度提出批判。

哲夫——咦？為什麼？

老師——這大概也和雅典當時的狀況有關吧。據說民主制度招致混亂和眾愚政治。他的想法是，不該連不負責任的人都賦予權力。因此他認為君主政治或貴族政治，又或是擁有一定以上資產的人才能參與的中產階級政體比較好。專制政治、寡頭政治和民主政治都不行。

今日子——這確實是實在論式的思考呢。我倒是對民主政治抱持期待。

老師——為此，我們每個人都必須確實擁有自己的想法。關於這點，下一次上課介紹的笛卡兒將會帶給我們一些啟發。所謂的「自己（我）」是什麼呢？請期待下次的課程。

※參考書目

《尼各馬科倫理學》（上、下）（高田三郎譯，岩波書店）

《尼各馬科倫理學》（朴一功譯，京都大學學術出版會）

超譯《尼各馬科倫理學》名句

「伴隨所有熱情與行動而來的快樂與痛苦，培養出一個人的德性。」

「恰如其分地去感受愉悅或不快的情感就是中庸，同時是至善，也稱為德性。」

「就像不治之症在初期及早治療也可能被治癒般，人應為本身無可救藥的惡負起責任。」

＊超譯為日本「學院出版社」提倡的翻譯新法。有別於「直譯」或「意譯」等傳統的翻譯概念，將意譯進一步延伸，主張即便犧牲原文正確性也要以讀者易讀、易懂做為翻譯的最高指導原則。有時也會大幅省略原文，雖遭受不忠於原文的批判，不過這類超譯書籍卻相當受到讀者歡迎。

其人其事

亞里斯多德

Aristotle（西元前384～322）

古希臘哲學家。曾是柏拉圖的弟子，後來批判其《理型論》（*Theory of Ideas*），並完成本身的形上學體系。相對於柏拉圖的理想主義，亞里斯多德的思想可說是現實主義。曾擔任後來的亞歷山大大帝的家庭教師，也曾於雅典郊外的呂克昂（Lyceum）創立學校。作品包括《尼各馬科倫理學》、《政治學》、《自然哲學》（*Philosophy of Nature*）等書。

給對亞里斯多德有興趣的你

推薦書單

《亞里斯多德倫理學入門》

岩波現代文庫｜J.O. Urmson著｜雨宮健譯

詳細解說亞里斯多德的倫理學

《亞里斯多德入門》

筑摩新書｜山口義久著

包含亞里斯多德整體思想的入門書

《政治學》

中公古典｜亞里斯多德著｜田中美知太郎等人譯

能夠了解亞里斯多德的政治思想

※台灣相關出版品

亞里斯多德著，劉效鵬譯，《詩學》（三版），五南，2014。

亞里斯多德著，高思謙譯，《尼各馬科倫理學》，商務，2005。

亞里斯多德著，淦克超譯，《亞里斯多德的政治學》，水牛，1990。

LESSON 2
如何才能擁有自信？

笛卡兒
《方法談》

René Descartes
Discourse on the Method of Rightly Conducting One's Reason and of Seeking Truth in the Sciences

「我思故我在」

老師——大家今天也都齊聚一堂了呢。那麼，我們這次就來談談近代法國哲學家勒奈・笛卡兒所寫的《方法談》＊。其實這本書就如同日文譯本的書名《方法序說》的「序說」二字，相當於一部巨作的序文，以獨立形式寫成。

哲夫——咦，是這樣啊？

老師——是的。原文完整的書名非常長，是「談談為正確引導理性在學問中探究真理的方法。加之，上述方法的嘗試，即折光學、氣象學、幾何學」。在《方法談》之後，他又接連發表《折光學》、《氣象學》、《幾何學》等與科學相關的三篇論文。

宗吾郎——《方法談》是一本科學著作嗎？我只知道「我思故我在」這句名言，以前都認定這絕對是一本談意識之類的哲學書呢。

老師——不，所謂的科學是指應用層面，而《方法談》**本身應可稱之為思索的方法論**。所以笛卡兒在副標加上了「為正確引導理性在學問中探究真理」。我們先來看看這本書的構成吧。

今日子——《方法談》是由六部所構成。

老師——沒錯。序文除外，共有六個部分。我們分別以一句話來說明各部。第一部是「關於學問的各種考察」，第二部是「我探究方法的主要規則」，第三部是「我從此方法引伸出的幾個道德上的規則」，第四部是「證明上帝以及人類靈魂存在的論證」，第五部是「我所探究的自然科學各種問題之秩序，特別是心臟的運動或醫學相關的其他幾個難題的闡明，以及我們的靈魂與動物靈魂的差異」，第六部是「我認為在持續探究自然的過程中什麼是必要的，此外又是什麼原因促使我最終寫下本書」。

宗吾郎——後半段果然是科學呢。

老師——這本書雖說相當於一部巨作的序文，不過內容也足以獨立成書，主要是在說明如何運用提及的方法論。

哲夫——方才宗吾郎說他只知道「我思故我在」這句名言，我也沒料到內容會是這樣。

＊中譯本或譯《談談方法》、《方法論》、《方法導論》。

老師——正因如此，像這樣加以介紹才有價值。我們趕緊來看第一部吧。第一部談論關於學問的各種考察，內容從說明「良知」的概念開始。

今日子——le bon sens對吧。

哲夫——彭桑是誰？

今日子——唉唷，那不是人名啦！

老師——這是「良知」的法文。「良知是世界上被最公平地分配的」，笛卡兒開宗明義這麼宣示。換言之，是「正確判斷、區分真偽的能力」。也可說是「理性」。

宗吾郎——我對於是不是被公平地分配這一點，抱持疑問就是了。

與名為世界的巨大書籍相遇

老師——笛卡兒想說的是，每個人都平等擁有與生俱來的良知，只是不同的人會有不同用法罷了。

哲夫——所以才會想談正確的方法論……是這意思嗎？

老師——正是如此。

今日子——可是笛卡兒不是一直足不出戶，窩在房裡建構方法論嗎？他應該天生就有一些特別的良知或理性什麼的吧？

老師——不少人有這樣的誤解，但笛卡兒並不是那麼「足不出戶」的人喔。他在學校裡除了語言學、古典學問，還修習法學與醫學等，前後共九年的時間；他周遊歐洲，最後甚至客死異鄉。

今日子——咦！真意外。

老師——對吧。當然在思考的時候，他會窩在房裡沉浸於冥想，然而絕不僅於此。

宗吾郎——這樣的人生還真讓人羨慕。

老師——笛卡兒是在博覽群書、深入苦讀後，才終於捨棄書中的學問。「我決定今後僅探究或許只能從我本身，或名為世界的巨大書籍中所發現的學問」，他下了這樣的決心，接著便展開旅行。第二部分就是在這段旅程後寫成的。

哲夫——終於開始足不出戶啦？

老師——還不到足不出戶的地步，不過的確是窩在一間有暖爐的房裡，人稱「暖爐房的沉思」的著名逸話。關於笛卡兒的個人形象，光是這個部分就被放大解讀了。這裡比較有趣的一點是他主張的「**無論任何事物，根據單獨一人的理性行之較能成就完善**」。

哲夫——我可以體會耶。同樣的情況，在公司碰到主管亂出主意時反而難做事。可是又不能充耳不聞，只好按照別人的意見大致調整，但光這點就讓人難以釋懷。

老師——笛卡兒說的就是這麼一回事。好比「透過各種師傅之手完成的作品，其顯現的完成度通常比單憑一人之力所完成的作品較低」。或是「與時俱進發展成為大都會的古老城市，與根據單一工程師的構思在平原上整齊劃分建築而成的要塞城市相較之下，便顯得雜亂不堪」。

今日子——意思是先毀掉作品再重做就好了吧？像都市也不是不可能從空地開始重新打造。

宗吾郎——才沒那麼簡單呢。不過，遭受大空襲的都市確實是在無可奈何的情況下，從零開始建造成整齊美麗的新都市。

老師——**但是在腦袋裡就辦得到吧**。笛卡兒想說的大概是這個。因為他是這麼寫的，「針對我至今所接受相信的所有見解，試著一次將之從自身信念加以徹底拔除，才是最好的」。

今日子——就是初始化呢。

將腦袋初始化的四種方法

老師——腦袋的初始化啊。原來如此。沒錯，經過剛剛所說的初始化後，再以新方法去思考。也就是笛卡兒以他持續關注的唯一學問「數學」為藍本，所構思而成的四條規則的理論。

哲夫——四條規則？

老師——笛卡兒說只要有這四條規則就夠了。第一是「明證規則」，是指除了在精神上得以展現不抱絲毫懷疑的清晰、明確的事物，任何一切皆無法成為判斷內容。第二是「分析規則」，是指將問題分割成小部分的規則。第三是「綜合規則」，是指思考從單純事物循序漸進，朝複雜事物邁進。第四是「列舉規則」，也就是試著毫無遺漏地逐一列舉。

今日子——感覺上好像慢慢理出頭緒了。

哲夫——是嗎？不愧是今日子。像我這種討厭數學的人，想到這方面就覺得累。

要是在森林中迷路，就朝同一方向前進！

老師——哲夫，請放心。現在正好要進入第三部分，笛卡兒在此也改變了行文語感。這裡談的是實際生活的道德或方法。他提出三個準則。

哲夫——準則？又是數學嗎？

老師——是行為的原理。放心，這次的並不難。第一個準則是「遵守我國法律與習慣」。

宗吾郎——呃，主張從零開始重新思考的不正是笛卡兒嗎？

老師——學問方面是這樣沒錯，不過實際生活的原則方面就另當別論了。但是，關於這一點也有各種說法。由於當時正值天主教會積極查緝危險思想的時代，有人說笛卡兒是為了避免惹禍上身。

今日子——總覺得被澆了盆冷水耶。

老師——別這麼說嘛。即便是笛卡兒，若是不能繼續研究學問，一切就完了呀。讓我們來看看第二個準則吧。那就是「對於本身行動必須盡可能堅定果斷，無論是多麼不確定的意見，本身的堅定立場都必須不遜於懷抱極度確定意見的情況，一旦決定了就貫徹始終」。笛卡兒用一個比喻來說明，**要是在森林中迷路，不要漫無目的地到處亂竄，必須朝同一方向勇往直前**。

哲夫——這很容易理解。只是跟學問方面的方法論差好多。現實生活和做學問之間果然有很大的差別……

老師——可能吧。不過森林的例子還真是恰當呢。第三個準則是「與其克服命運，不如時時努力克服自我；與其企圖改變世界秩序，不如時時努力改變自身願望」。這也可說是謹慎保守，甚至是斯多葛式（Stoic）的克己禁欲傾向了。他是在警惕世人，別急躁地企圖爭取得不到的事物。

今日子——可是談到知識總免不了有貪欲吧？

老師——會有貪欲沒錯。不過由於是斯多葛傾向，可說是基於良知加以判斷，不是嗎？

哲夫——原來如此！如果只有貪欲，就可能竄改資訊或抄襲論文了。

所謂的「徹底懷疑」

老師——那麼，接著進入大家引頸期盼的第四部分吧。

今日子——Cogito要出現了吧？

宗吾郎——什麼是Cogito？今日子，妳真的只有高中生而已嗎？

今日子——高中的倫理教科書中出現過啊。那是「我思故我在」的拉丁文「Cogito ergo sum」。Cogito是「我思」，ergo是「故」，sum是「我在」。所以有人省略成「笛卡兒的Cogito」。

哲夫——真的假的？高中會教這麼難的東西？

今日子——哲夫，我看你是在上課時打瞌睡吧？

哲夫——真夠犀利的……那時才沒有這麼有趣的課呢，老師也只是自顧自地講個沒完。

老師——哲夫，先謝謝你的奉承囉。在進入第四部分之前，我們先來確認笛卡兒當年的動向吧。他在思索完第三部分後其實又踏上了旅程，時間長達九年，並且

方法性懷疑

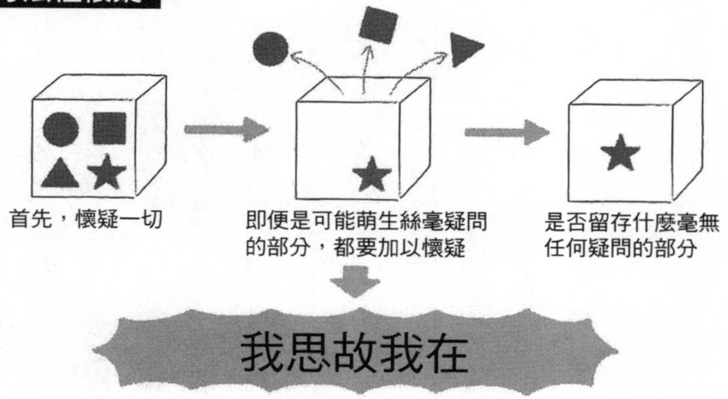
首先，懷疑一切
即便是可能萌生絲毫疑問的部分，都要加以懷疑
是否留存什麼毫無任何疑問的部分
我思故我在

真理的探究憑藉徹底排除懷疑而得以實現

在旅程中見識到各種事物。也可以看作是提筆前的充電期吧。他從德國旅行到法國，途經義大利又回到巴黎，最後抵達荷蘭，在此展開第四部分的思索。

哲夫——他真是個旅人耶。

老師——笛卡兒說過，在探究真理方面，必須去做和生活完全相反的事。換言之，**不止要相信遵從，還必須徹底排除疑問**。這樣的過程從懷疑感覺開始，去除謬誤或推論，甚至是夢。他說，「即便是可能萌生絲毫疑問的部分，都必須將之視為絕對錯誤，全部加以棄絕，其後則必須清楚檢視本身信念中是否留存什麼毫無任何疑問的部分」。

宗吾郎——那句「毫無任何疑問的部分」，

就是今日子剛才說的「Cogito」嗎？

今日子——是吧，老師？

老師——沒錯。笛卡兒是這麼說的。雖然有點長，不過這段是最重要的部分，我就把它念出來吧。「就像這樣，即便是在思考所有一切都是虛假的當下，如此思考的這個我，也必然的必須是某種存在。我隨之認定即便懷疑論者將之評為多麼異想天開的假設，『我思故我在』這樣的真理都是難以撼動地穩固確實，同時判斷要毫不猶豫地去接受這樣的真理，亦是我所追求的哲學第一原理」。**這被稱為「方法的懷疑」**。

今日子——覺得好感動喔。

哲夫——對啊。這個理論是笛卡兒歷經漫長旅程後，好不容易抵達的地方。

宗吾郎——你這人出乎意料的浪漫嘛。

哲夫——拜託，「出乎意料」是多餘的吧。

心靈與身體是不同的嗎？

今日子——老師，「我思」的「我」為什麼能說得那麼絕對呢？我就沒有那樣的自信……

老師——這倒是。人總是沒有那麼完美。不過笛卡兒是這麼認為的。換句話說，雖然我們可以假設自己的身體以及所在之處可能不存在，卻不能因此說自己不存在。相反的，**自己產生懷疑這件事，就只代表自己是存在的**。而且一旦否定自己在思考，那麼確切相信自己存在的理由也隨之消失。

宗吾郎——所以思考本身就是自我的本質囉。

哲夫——我好像可以了解。不是有人說過「人是會思考的蘆葦」嗎？

今日子——是帕斯卡（Blaise Pascal）。

老師——這裡就要提出笛卡兒惡名昭彰的「心物二元論」。他將世界的構成分為精神與物質，也就是說徹底將心靈與身體一分為二。

今日子——這哪能一分為二。青春期內心的煩惱就是由身體的成長所引發的啊。

心物二元論

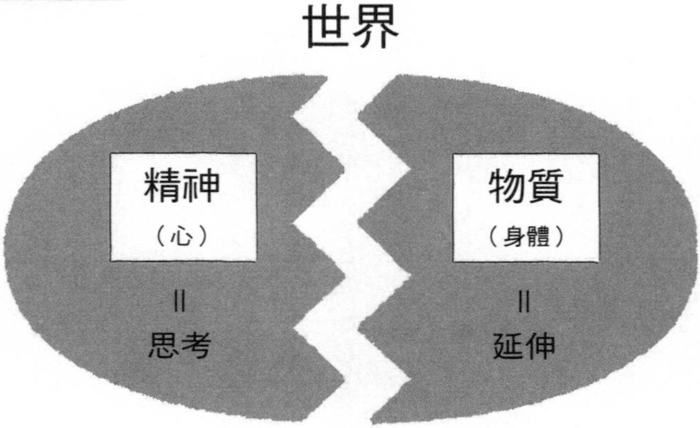

世界是由精神與物質兩種截然不同的要素所構成

哲夫——我們上班族的憂鬱症也是。還有人因為過勞罹患心理疾病而自殺。

宗吾郎——有句話說，病由氣生。

老師——但笛卡兒是這麼想的。精神會思考，物質不會思考，所以身體就像是機械般的東西。動物也一樣。

今日子——太差勁了。我們家梅雅麗就會好好思考呀！

哲夫——梅雅麗？

今日子——我的寵物，一隻迷你吉娃娃。

老師——還有一個問題，笛卡兒認為根據上述的「我思」理論，必須徹底承認上帝果然是存在的。

宗吾郎——既然「我思故我在」，就不需要上帝了吧？因為只要顧好「我」就好啦。

老師——原本應該是這樣，但既然有個產生懷疑的我，在那個當下的我就不完整。應該還有另一個存在以成就完整的我。而那個存在除了上帝就沒有其他解釋了。

哲夫——這難道不能解釋成我從一開始就注定能夠趨於完整嗎？

老師——讓笛卡兒來說的話，問題不僅在於我們的不完整性。他有個三角形的例子，即便知道三角形的內角總和為一百八十度，也無法證明三角形存在於世上這件事，與上帝是否存在這樣的命題沒有關聯。

今日子——也就是說，剛開始的那一步無論如何都需要上帝。雖然是哲學，感覺上卻更像是《聖經》。這和我印象中的笛卡兒有點不一樣呢。

老師——他這部分的論述引發了不少批判。像剛才提到的帕斯卡對這方面的批判就相當著名。笛卡兒在他的哲學論述中都企圖撇開上帝，但是他又不得不憑藉上帝的輕輕彈指讓整個世界動起來。除此之外，他就再也用不著上帝了。

宗吾郎——那彈指的意義重大耶。為什麼笛卡兒會如此拘泥於上帝呢？

老師——大概是受時代背景制約吧。很難讓人不注意到經院哲學（Scholastic Philosophy）*的殘存影響。不過，也不能因此全盤否定其價值。像他的方法論——「根據完整的我所進行的懷疑性思考」還是有效的。我想大家看到第五部分在自然科學方面的應用就能了解。

今日子——笛卡兒真是博學多聞。

老師——第五部分的內容也相當可觀，前半段是關於物質、宇宙等，後半段則是人體。我們就先從前半段看起吧。笛卡兒在此展開了他的物質論，並對亞里斯多德的物質概念提出批判。根據亞里斯多德的理論，物質中預先具備了應有的理想樣貌。

但是對笛卡兒來說，**人類腦袋中具備了以數學為基礎的無限智慧**，而物質純粹只是以數學觀點加以掌握、表現的東西罷了。

哲夫——這樣的想法倒是挺有趣的。

老師——是啊。以數學為藍本將物質的本質視為空間性的「延伸」，真不愧是心物二元論者笛卡兒才想得出來的。在內容後半段人體的部分，同樣也可以看見二元論的想法。

今日子——老師，解剖在當時一度蔚為流行吧？

老師——沒錯。林布蘭的畫作中也出現過這樣的主題。

今日子——是那幅〈杜爾博士的解剖學課〉（The Anatomy Lecture of Dr. Nicolaes Tulp）吧？

老師——妳還真清楚呢。當時正值解剖學的萌芽期，難怪好奇心強烈的笛卡兒也對此著迷不已。他到最後對醫學相當關注，據說還會到肉鋪取動物內臟進行解剖。

宗吾郎——我對笛卡兒已經完全改觀了。與其說他是個哲學家，倒不如說是科學家更為恰當。

老師——或許吧。他對人體構造詳盡研究的成果以機械論加以說明。

哲夫——像機械人那樣嗎？可是人類是有心的……

老師——這就是問題所在了。事實上，笛卡兒對機械人和人類的區別進行了一番思考，結果他將焦點放在人類特有的「理性」上。也就是說，人類擁有一顆心。

哲夫——那他又是怎麼解釋心靈和身體的關係呢？

今日子——哲夫，剛才不是提過「心物二元論」了。笛卡兒說心靈是心靈，身體是身體。

老師——的確如此。不過，這樣的笛卡兒也曾隱約流露出他的苦惱。他在回答伊麗莎白公主的相關提問時，不知是否一時情急，他表示大腦中的松果體正是心靈與身體產生交互作用之處。但是他無法證明這樣的說法。「心物二元論」終究無

* 或譯作士林哲學。意指與宗教結合的哲學思想，其論證核心不脫天主教教義、信仰或上帝等。於八世紀末興起，十四世紀末式微。

法說明兩者間的關係。

宗吾郎——原來笛卡兒也有未解的課題呀。

擁有自信所不可或缺的事

老師——最後的第六部分則說明了今後的展望，他宣示將潛心研究醫學。大概是想要解決「心物二元論」所留下的課題吧。他在這裡刻意表示自己不會從事對人類有害的研究，令人讚賞。綜觀歷史的發展也是如此，許多科技屢被濫用於戰爭，某些技術甚至是為了軍事目的而研發。即使這些技術日後可能會被運用在不同面向，讓人類的生活變得更為富饒，但是只要最初是以傷人為目的，就不該受到認同。

哲夫——笛卡兒真是研究人員的典範啊。詳加觀察、深入思考，而且絕不讓那樣的智慧被拿來作惡。

老師——我認為這也和笛卡兒的自信有關呢。對自己沒有一定自信的人，腦袋裡不可能浮現出「我思故我在」這樣的想法。**大概必須具備奠基於廣博見識、縝密**

觀察思考後的經驗，還有扎實的倫理觀，才能讓自己擁有這樣的自信吧。

今日子——所以，想讓自己擁有自信沒有捷徑。不過，這樣倒也讓人安心。反正好好念書就對了。

哲夫——要是讓今日子繼續用功下去，我根本就望塵莫及啦。

※參考書目

《方法序說》（谷川多佳子譯，岩波書局）

《方法序說之外》（野田又夫等人譯，中央公論新社）

《方法序說》（山田弘明譯，筑摩書房）

超譯《方法談》名句

「良知是全世界被最公平分配的。」

「只有將任何可能萌生疑問之處，
不放過絲毫可能地加以徹底棄絕後，
本身信念中才能隨之留存毫無任何疑問的部分。」

「『我思故我在』這樣的真理無論遭受到何種質疑，
都是難以撼動的。」

其人其事

勒奈・笛卡兒

René Descartes（1596～1650）

近代法國哲學家。歐陸理性主義（Continental Rationalism）創始者，構思出取代經院哲學的新形上學。他所提出的「我思故我在」象徵了近代哲學原理，被譽為近代哲學始祖。他也以身為創造解析幾何學的數學家，聞名於世。著有《方法談》、《沉思錄》（*Meditation*）、《情緒論》（*Theories of Emotion*）等書。

給對笛卡兒有興趣的你

推薦書單

《沉思錄》

筑摩學藝文庫｜笛卡兒著｜山田弘明譯

推薦給想要更詳細了解笛卡兒形上學的人

《情緒論》

岩波文庫｜笛卡兒著｜谷川多佳子譯

得窺笛卡兒另一不同面貌的近代情感理論濫觴

《笛卡兒入門》

筑摩新書｜小林道夫著

關於笛卡兒整體思想的入門書

※台灣相關出版品

笛卡兒著，周春塘譯，《沉思錄》（二版），五南，2015。

阿米爾・艾克塞爾著，蕭秀姍、黎敏中譯，《笛卡兒的祕密手記》，商周，2009。

笛卡兒著，錢志純譯，《我思故我在》，志文，1990。

LESSON 3
為什麼經驗如此重要？

洛克
《人類悟性論》

John Locke
An Essay Concerning Human Understanding

一切皆源自於經驗

老師——今天要談的是約翰．洛克。

哲夫——我知道洛克，他提過社會契約論吧？

老師——他的確是個社會契約論者，擁有政治思想家的一面。因為他還留下了一本稱作《政府論》或《政府二論》（*Two Treatises of Government*）的名著。不過，在此我想著重於洛克的另一個面貌。他同時也以英國經驗主義哲學家的身分聞名於世。

宗吾郎——也就是哲學家洛克吧。

老師——是的。關於人類的理性，有所謂的「觀念主義」（Idealism）與「經驗主義」（Empiricism）之爭。「觀念主義」肯定人都有與生俱來的天生觀念，「經驗主義」則否定這樣的說法。大家覺得哪一派是正確的呢？

今日子——雖然無法一概而論，但是我覺得天生觀念比例上雖少，多少還是存在的。畢竟有基因遺傳的說法。

老師——不過，對洛克來說所有一切皆源自於經驗。只是有一點必須注意的是，

觀念主義VS經驗主義

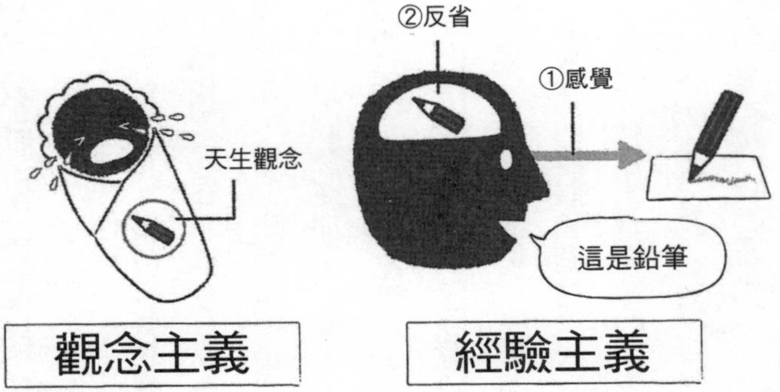

經驗主義則否定這樣的說法，認為一切皆源自於經驗

洛克所指涉的經驗含義。經驗的成立包含「感覺」與「反省」。感覺意指外在事物對人類感官，亦即視覺、聽覺、觸覺、嗅覺、味覺所產生的刺激傳達至心靈。大家了解反省的意思嗎？

哲夫——我可是經常在反省呢。因為失敗過很多次嘛。

老師——這裡所說的反省有點不同。哲學中所謂的反省譯自reflection，也就是人類感知本身內在心靈的各種作用。好比對於內心的思索、疑惑或意志等有所知覺，也稱作內在感覺。廣義來說，就是感覺。

理性是精神的最高能力

宗吾郎——可是，為什麼洛克會說經驗就是一切，把話說得那麼死呢？

老師——那我們就趕緊來看看他為什麼會這麼說吧。首先是全書結構，這本書由四卷構成。第一卷的主要目的是反駁天生觀念。第二卷是關於觀念，內容分成單純觀念與複雜觀念並加以討論。第三卷陳述的是關於觀念的記號——言語文字，也就是語言的正確使用方法。

最後一卷則是藉由真知與臆測的相關探討論及知識及其來源，亦即人類理性的相關問題。由於四卷的分量相當可觀，在此無法平均討論所有內容。我想今天就把核心放在明確討論到洛克的「經驗主義」所依據的第一卷和第二卷吧。洛克在第一章的序論便主張**理性的探索既愉悅又有用**。

今日子——洛克本身應該是在以經驗琢磨理性的過程中感受到某種意義。這樣的人的確可以引發我的共鳴耶。

老師——是啊。他認為理性是精神的最高能力，所以運用理性是一種遠勝於其他能力，且永恆不變的喜悅。而這樣的理性探索，甚至可說是一種狩獵，那種追求本身就是快樂。

哲夫——洛克的目標是理性探索嗎？

老師——不，應該說是探索理性的根據吧。所以他才會說：「我們所追尋的目標在於人類真知的起源，探究絕對的確實性與範圍，同時探究信念、臆測以及同意的根據和程度。」

宗吾郎——**理性的根據**要怎麼探究呢？

老師——洛克提出三個方法。第一，研究本身心靈所擁有的，以及所意識到的內容的觀念起源，還有上述觀念形塑理性的方式。第二，理性根據上述觀念所擁有的知識，對此標示出其確實性以及範圍。第三，深入推敲某項命題，雖然尚未具備某種確實知識，卻同意該命題為真的理由以及程度。

哲夫——真是抽象啊。

老師——這些方法的細節會逐漸明朗化的。我們先來談談具特色的部分吧。像是論及懷疑主義和怠惰之處。「我們有時也會因為根本無法完全理解任何事物而感到絕望，隨之完全不想動用思索能力。又或主張懷疑一切事物，認為有些事物根本無法理解、否定一切知識的懷疑主義，很容易讓人萌生怠惰的馬虎態度。」

今日子——這個我能理解。完美主義者就是這樣吧。只要稍微不了解，便再也無法前進了。

宗吾郎——我是不了解這在學問方面會怎麼樣，在工作上可是行不通的。

老師——洛克表示，關於理性也是如此。他說，沒必要將研究目標擴充至能力範圍之外，或鑽研到難以自拔。他就是基於這樣的觀念寫出《人類悟性論》一書。接著，就談到「觀念」方面了。

哲夫——我還是不太了解觀念這個詞彙耶。

老師——這裡是指思考目標的意象、意念或形象。亦即任何人在思考時的內心所感。而問題就在於這個觀念是怎麼產生的，這也是洛克所提出的問題。

今日子——老師一開頭就說過了。是與生俱來便擁有的或經驗的產物。

老師——正是如此。洛克的立場是否定與生俱來的觀念，也就是天生觀念。他還說，只要能夠證明即使缺乏天生的「共通觀念」，同樣能造就所有知識就行了。

哲夫——例如呢？

老師——像是色彩。所謂紅、藍之類的色彩觀念，是藉由經驗與學習而逐漸具備的。他也舉過這樣的例子，「同一事物無法既存在又不存在」的相關論證。大家了解這句話的意義吧？

宗吾郎——「同一事物無法既存在又不存在」，這確實不可能同時成立。

老師——宗吾郎是何時領悟這個道理的呢？

宗吾郎——這個嘛……大概是小學的時候開始理解這句話的意思。

老師——不過，這樣的知識並非原本存在，直到你成為小學生時才顯現出來，完全是憑藉著後天的理解慢慢領悟。洛克是這麼說的，所謂的心靈就像這樣被賦予得以運用推理能力的材料，也就是觀念，在逐漸學會使用理性後，才得以理解命題加以同意。

任何人都知道「甜中帶苦」？

今日子——那感覺又該怎麼解釋呢？像味覺之類的不是與生俱來的嗎？

老師——洛克也有舉出這個例子喔。嬰兒在懂得運用理性以及學會說話之前，就知道什麼是甜的、什麼是苦的。但這仍與經驗密不可分。換句話說，嬰兒吃到甜的東西會開心，吃到苦的便會皺臉或放聲大哭。就是在這樣的過程中才開始懂得分辨甜或苦。

哲夫——的確和一般所熟知的甜與苦不同，**如果是首次品嚐的味道，沒試過就不知道耶**。光是說「甜中帶苦」，又不是每個人都能理解。

老師——就是啊。若是「甜中帶苦」的觀念是與生俱來的，那麼任何人在尚未實際經歷之前，都應該有所共鳴才是。這裡就以洛克的表現方式，來彙整一下他否定天生觀念的理論吧。首先，我們是否能說孩童在達到能夠思考、了解或同意的年齡時，心中已存在如同被雕刻下來的、刻印般的內容？然後，我們是否能說他們不知道這些將來會成為源自上述刻印的知識及推理基礎的概念？

而且，有沒有可能哪個人並不知道至少其他人都知道的事情？又或者，若上述的刻印是天生的，那麼從最不會受到他人意見或風俗習慣左右的孩子身上，應該最能被毫無遮掩地清楚彰顯出來，事實上是否彰顯出來了呢？

宗吾郎——像圓形不是四角形或「1＋1＝2」這類理論性的事例，正如他所說的沒錯，但是善惡這類道德事例又該怎麼解釋呢？我認為每個人都有某種與生俱來

觀念

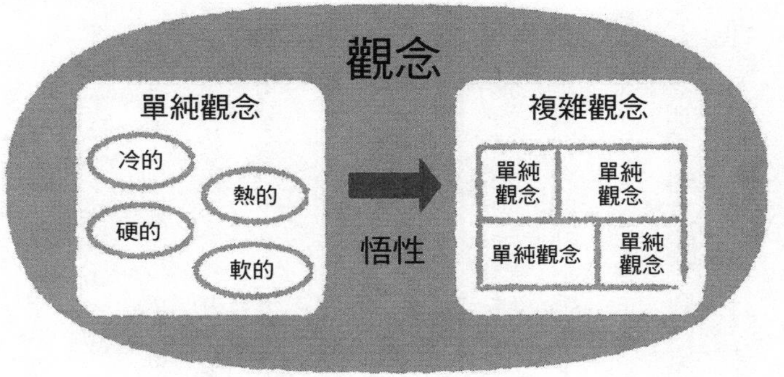

從感覺所獲得的單純觀念，
透過悟性，建構出複雜觀念

的本性或天生的東西。

老師——洛克也否定這一點。換言之，他質疑「所有人意見一致的道德原理等存在的可能」。好比維護正義或守信在道德上永遠是正確的嗎？戰爭就是以正義之名發動的。黑幫也是在收錢之後，信守約定去幹壞事的。

今日子——所以說每個人的道德觀念都不同。

老師——正是如此。那麼接下來，我想以稍微不同的角度來深入檢視這個觀念的本質。洛克將所謂的觀念區分為兩大部分。那就是「單純觀念」與「複雜觀念」。

哲夫——有什麼不一樣呢？

老師——一言以蔽之，兩者的關係是單純觀念調和後，形成複雜觀念。我們來看看其中的順序吧。接受單純觀念時，理性可說是被動的。換句話說，這和是否為本身所願無關，只是強加於心罷了。如同我們無法拒絕或改變鏡中影像般。

宗吾郎——意思是來自於五感的東西？

老師——先這樣理解可能比較好懂吧。根據洛克所言，我們所謂的知識實際上是由性質、樣式和範圍等三要素所形成。好比透過感官獲取的性質，會透過視覺或觸覺單純進入觀念之中。如冷的、熱的，或是軟的、硬的。而透過不同感官進入的就是單純觀念。

今日子——就像是知識的素材呢。

老師——是啊，我們就是憑藉上述的感官與反省在心中浮現出單純觀念。在單純觀念累積後，加以比較結合的能力就是悟性。正是悟性，建構出複雜觀念。

宗吾郎——老師，剛才說我們是透過五感獲取單純觀念，那部分可不可以說得更詳細一點？

老師——好的。提到將物體知識輸入理性的方法，除了上帝賦予人類的下列五項外，不做他想。那就是聽聲、辨味、聞香、見物，還有觸摸這五感。而認知單純觀念的方法有下列四項：憑藉單一感官進入心靈的觀念、憑藉多數感官進入心靈的觀念、單純憑藉反省所獲得的觀念，還有憑藉所有感覺和反省在心中所浮現的觀念。

哲夫——說到憑藉單一感官進入的，像是色彩嗎？

老師——色彩或是光線，紅、藍、黃等。香氣、味道、熱度也是如此。不同範疇又有各種不同的種類，所以這裡談到的單純觀念不計其數。

今日子——那憑藉反省所獲得的觀念呢？

老師——感知與意圖。感知在此是指思考，而思考能力是悟性。意圖的力量就是意志。

宗吾郎——意圖的力量就是意志？

老師——意圖即為想法，把心中所想的化為可能的力量就是意志。在此順道說明，所謂憑藉感覺與反省所獲得的觀念，就是快樂、痛苦或不安等。

哲夫——我現在很清楚單純觀念了。那麼把它們綜合起來就形成複雜觀念，又是怎麼一回事呢？

美麗的花朵是——

老師——差不多該進入複雜觀念的部分了。複雜觀念是指以單純觀念為基礎，或以材料所形成的觀念。據洛克所言，複雜觀念是由「樣貌」、「實體」、「關係」三大部分所形成的。我們先從最容易理解的實體開始吧。所謂的實體，就是「將本身單純成立的個別事物，加以表象化的單純觀念的合成」。

哲夫——可以舉一些具體實例嗎？

老師——洛克以鉛的概念為例，伴隨著一定程度的重量、硬度、延展性、熔點等，所謂暗沉偏白的單純觀念才能與實際型態相互連結，我們也才得以擁有鉛的觀念。接下來則是樣貌，樣貌並非實體本身，而是實體的性質或作用的相關概念。例如**花是實體**。有哪些概念能夠表現出花的性質呢？

今日子——美的概念嗎？

老師——美麗的花朵。沒錯。只不過上述樣貌分為兩種。其一是一打（dozen）或二十枝（score），同樣是單純觀念的變形，絕不會與其他觀念有所混雜。這稱為單純樣貌。相對的，也會有數個不同種類的單純觀念組合後，彷彿形成單一複雜觀念般的複合性樣貌。例如前述美的概念，是由觀者的感受所萌生的色彩或形狀組成，也就是混合樣貌。那麼，其中的關係為何？說到表示關係性的觀念，你們會想到什麼呢？

宗吾郎——原因或結果？

老師——那的確是關係性沒錯。或者大小、親子等，主要是相關事物相互對比後所獲得的觀念。

今日子——唔，慢慢覺得這和語言有著密切的關係……

老師——妳注意到了好問題呢。這就是第三卷的主題，語言有如觀念的符號。所謂的語言，就是在自己心中將概念轉換成符號加以運用。

哲夫——也可以說是**向他人表明心跡**吧。

「Tabula rasa」是「白紙般的心靈」

老師——是啊。因為觀念開展的舞台是心靈。大家知道「tabula rasa」嗎？

哲夫——「Tabula rasa？

老師——這個詞來自拉丁文，意指一塊什麼都沒寫的板子，也就是白紙般的心靈。換言之，**我們藉由經驗所獲得的觀念，會被逐一寫進白紙般的心靈之中**。這句話並沒有出現在書裡，只是常被用來象徵洛克的經驗主義，所以也約略介紹一下。

今日子——在《人類悟性論》中又是怎麼形容的呢？

老師——書中說，「將心靈假設成完全沒有文字的白紙，沒有絲毫觀念吧。心靈要怎麼樣才能具備觀念呢？……對此我只有一句話，那就是根據經驗。因為這樣的經驗，我們所有的知識有了基礎，這樣的經驗即為一切知識的終極來源」。

宗吾郎——這種比喻還滿容易想像的。

哲夫——知道**觀念就是逐漸將經驗寫入心靈**，讓人重新感受到經驗的重要性呢。

老師——是啊，**人就像這樣慢慢成長**。如同上述，洛克所主張的人類悟性為根據感覺的同時，也能將其視為自然對社會產生作用的理性所形成。

今日子——對了，洛克的經典代表作《政府論》的政治思想，與這樣的經驗主義有什麼關係呢？

老師——這個嘛，他並不是公開反對宗教的傳統，大概只是想改變當時具有特權的神職者等壟斷知識的局勢吧。他主張活用諸如感覺和理性等任何人皆具備的感官便能獲得知識，這也與將知識釋出給一般公眾有極大關聯性。只要公民能夠擁有批判性、主體性的悟性，就能以社會中堅分子之姿參與社會運作。

宗吾郎——原來如此，這裡就慢慢和社會契約論有關係了呢。

老師——我是這麼想的。近代哲學家在各種不同的領域絞盡腦汁思索，展開深入的討論，而各種理論其實都息息相關。能夠推敲出這樣的道理，也可說是閱讀名著的醍醐味。

※參考書目

《人類悟性論》全四卷（大槻春彥譯，岩波書局）

《人類悟性論》（加藤卯一郎譯，一穗社）

超譯《人類悟性論》名句

「一旦承認『天生觀念』的存在，
人類對於知識的探究便戛然而止。」

「關於知識的探究，完美主義會促使思考停止，
懷疑主義則是催生怠惰。」

「心靈是一張完全沒有文字的白紙，沒有絲毫觀念。
一切知識的終極來源即為經驗。」

其人其事

約翰・洛克

John Locke（1632～1704）

英國哲學家，英國經驗主義創始者。批判天生觀念，主張一切皆源自於經驗。此外，在政治思想領域也基於社會契約論的立場提倡理論，對於美國獨立宣言、法國人權宣言的影響深遠。著有《人類悟性論》、《政府論》、《教育漫話》（*Some Thoughts Concerning Education*）等書。

給對洛克有興趣的你

推薦書單

《政府論》

中公古典｜洛克著｜宮川透譯

了解洛克社會契約論等政治思想的主要著作

《約翰・洛克的市民世界：人權、知性、自然觀》

未來社｜三浦永光著

詳細分析洛克經驗主義的珍貴專門書籍

《約翰・洛克的政治社會論》

中西社出版｜岡村東洋光著

詳細分析洛克政治思想的專門書籍

※台灣相關出版品

謝啟武著，《洛克》，台北：三民，1997

LESSON 4

大家要一起針對某事物做出決定時，該怎麼做才好？

盧梭

《社會契約論》

Jean-Jacques Rousseau

The Social Contract

握握拳、張開手♪*

老師——今天要討論的是盧梭的《社會契約論》。在絕對王權時代，民眾該如何以自己的雙手打造社會呢？或許可以這麼說，活躍於十八世紀的盧梭藉由本書為其後的近代社會建設立下基礎。

今日子——這本書是**法國大革命的聖經**，對吧？

哲夫——革命的聖經……他是危險分子嗎？

老師——我們先來談談盧梭是個什麼樣的人吧。他在三十八歲時，參加有獎徵文活動獲選，這也成了他嶄露頭角的契機。就這樣到了一七六二年，盧梭於五十歲時出版名著《社會契約論》。

宗吾郎——沒想到他出道得這麼晚耶。

老師——盧梭的家境清寒，年輕時做過學徒、僕役等工作，過著顛沛流離的生活。後來輾轉結識對沙龍握有掌控權的夫人，他曾墜入愛河，也曾因為未獲得良好的教養而反覆偷竊、撒謊，最後好不容易才藉由鍾愛的音樂安身立命。**盧**

梭音樂家的身分也很有名呢。那首〈握握拳、張開手〉的樂曲正是盧梭所作。他後來雖然以思想家的身分廣為人知，不過當年窮困潦倒的盧梭，晚年也是靠著音樂餬口度日。

哲夫——這還真是只要一技在身，不愁無處謀生。

老師——盧梭確實多才多藝。大概也是因為如此，他以思想家的身分出道才會那麼晚吧。至於他是不是危險分子這一點，《社會契約論》的內容在當時的歐洲社會仍被視為危險思想。他也因此遭受迫害，在歷經長期流亡生活後，終究罹患精神疾病。晚年的盧梭在絕對稱不上幸福的情況下，結束六十六年的人生。

今日子——還真是驚濤駭浪啊。這樣的人竟然會對法國大革命產生如此大的影響。

老師——盧梭的思想還不至於直接引發法國大革命，但他的思想確實產生深遠影響。事實上，據說當時在公共廣場就有聽眾對為《社會契約論》做出進一步解釋的人大聲喝采。

＊原文「むすんでひらいて」為日本傳唱已久的童謠，根據相同曲調填詞的中文童謠為「銅鈴響叮噹」。據說原作曲者為盧梭，該曲也曾被用於一七五三年於法國公演的歌劇《村中的占卜師》（*Le Devin du village*）中。

哲夫——那本《社會契約論》是打造國家的方法的入門書嗎？

老師——簡單來說，或許是這樣沒錯。讓我們進入書的內容吧。先從目錄開始。這本書分成四大卷，第一卷探究人類是如何從自然狀態轉移至社會狀態，以及社會契約論的各項本質條件為何。第二卷談論立法，第三卷談論政治法，亦即政府的型態。最後第四卷的核心，在於鞏固國家體制的方法。

宗吾郎——好像也能學到政治的相關學問呢。

人生而自由

老師——沒錯。因為這本書的副標題是「又論政治權利的各項原理」。我們就從第一卷開始，依序看下去吧。第一章有個著名的部分。雖然有點長，不過還是稍微介紹一下。「人生而自由，但卻無往不在枷鎖之中。有些人自以為是其他人的主人，這些人卻比其他任何人都更是奴隸。到底為何會出現這種變化？我不清楚。到底是什麼讓這種變化正當化的？我相信這個問題終能獲得解答」。大家從這段看出了什麼呢？

今日子——以人生而自由為前提。他也點出儘管如此，人卻在社會中備受束縛的現實。

老師——還有呢？

哲夫——呈現出他想要解決那個問題的決心？

老師——是啊。本來應該自由的人們，卻在過著社會生活的同時反而變得不自由了。因此必須消弭那樣的狀態，而除了建立社會新秩序外別無他法。

宗吾郎——那個社會秩序就是社會契約嗎？

老師——會變成那樣沒錯。該怎麼創立社會秩序呢？在以往的絕對王權下，人民長期遭受暴力壓迫，盧梭表示**像這樣所形成的秩序並無正當性**。

今日子——原來如此。所以有沒有正當性是重點。

老師——是的。盧梭在此認為除了暴力外，也批判既成事實同樣不存在正當性。例如，亞里斯多德是以奴隸存在的事實做為前提的條件下論述社會制度。但是，**所有人理應生而自由**。盧梭主張應以此為前提加以思考才對。

哲夫——盧梭想像中的社會是不是有什麼範本存在呢？

以家庭為範本建立社會

老師——那就是家庭。盧梭認為家庭是根據意志的結合而成立，所以此理或許能運用於政治社會。我來念一段吧。「領袖如同父親，人民如同子女。所有人皆生而平等自由，每個人只會為其效益讓渡自由」。這個為效益讓渡自由是精華所在。

宗吾郎——以家庭為例好像能夠理解耶。好比孩子將自己的自由託付給父母，部分原因也是因為父母能保護自己。孩子本身倒是不太了解這層道理就是了。

老師——他所說的正是要大家試著**以國家的規模去思考這個原理**。盧梭認為，只要能以效益為目的，在彼此同意的情況下讓渡自由，便能打造像家庭一樣的理想國家。

今日子——可是，我覺得在社會中讓渡自己的自由好像都沒好事……

老師——盧梭也考慮到了這一點。他表示人民難有所獲的讓渡是不行的。他甚至還說，無條件放棄自由，等同於放棄身為人的資格。

哲夫——所以才必須事先藉由契約清楚界定內容。

社會契約

全員根據社會契約全面讓渡自由的結果，
反而能夠獲得公民自由

老師——是的。讓我們來看看盧梭所謂的社會契約的內容吧。盧梭認為，人類若處於自然原始狀態是無法續存的。為此，必須藉由人民力量的總和成立社會。他的目標是「在個人與其他所有人連結的同時，個人不會僅遵從自己本身，並且會和以前一樣自由」。

宗吾郎——讓渡本身自由的同時還能和以前一樣自由，這有可能嗎？

老師——「各共同者將其所有權力完全讓渡給共同體」，他表示藉由這種方式就有可能。換言之，就是**所有人的自由全面讓渡**。

今日子——原來如此！把自由讓渡給

公意

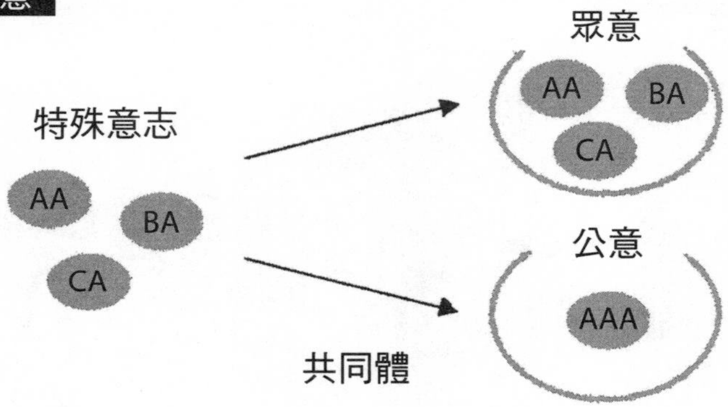

公意不像眾意

單純只是特殊意志的加總，而是共同利益

某個人，實際上讓渡對象就是自己，當然可以持續享受自由啦。

老師——沒錯。盧梭將社會契約的內容統整如下，「我們各個個體，都遵從公意的最高指示將身體和所有力量化為共同所有。各個成員從而成為難以從整體分割的一部分，一同領受（所有權力與自由）」。

宗吾郎——這聽起來很像共有的概念。若真的是共有，就不可能毫無所失吧？

老師——當然。自由的全面讓渡其實伴隨著強制，只是那種強制稱之為對自由的強制。而強制產生的當下一定會有所失。那就是自然的自由。取而代之的是獲得道德自由，又或是市民自由。這也可說是一種更大的自由。

哲夫——自然的自由？

老師——意指在自然狀態中所享受的自由，也就是隨心所欲的幸福。但是對盧梭而言，那並非人類應有的樣態。反之，人類理應遵從義務或理性規範自我，那才是真正的自由。因此，盧梭將這樣的自由稱為道德自由或公民自由。

宗吾郎——而人們為了追求這樣的自由才會同意遵守契約……

彙整眾人意見的方法

今日子——可是大家的意見能夠那麼一致嗎？

老師——這就要看「大家的意見」如何被定義了。不過這和「眾意」不同。

哲夫——咦，哪裡不同？

老師——按照盧梭的說法，「公意僅考慮共同利益。而眾意僅考慮個人利益，只是個人意志（特殊意志）的總和罷了」。換言之，公意是以每個人的共同利益為目的，其性質和單純由個人「特殊意志」的加總完全不同。

哲夫——至少得全員都同意嗎？

老師——或許也可以這麼想。盧梭表示，公意是「從特殊意志中扣除彼此最為相互對立、否定，或最不對立、否定的極端部分後，所留下的扣除總和」。

宗吾郎——這樣或許是可能的耶。無論全日本一億人的意見有多麼不相同，總不會有人反對憲法的三大原理。否則很難住在同個國家。

今日子——你是說主權在民、尊重基本人權與和平主義吧。大家對於和平主義的一致意見很難界定，不過確實就像你說的。

哲夫——所以說，公意如同法律般要靠投票決定囉？

老師——不，那可不一樣。**重要的是共同利益，而非數量**。因為投票有時也可能出現違反共同利益的答案。就這層意義而言，即使全體一致，有時也可能是危險的。

今日子——這麼一來，充分討論就變得很重要呢。

老師——沒錯。**每個人都有自己的意見，彼此相互討論激盪是非常重要的**。盧梭根據這個觀點否定部分性社會。若國家中存在部分性社會，而那個社會也握有力量，個人的意見便可能遭受封殺。

宗吾郎——好比政黨的黨內決議約束之類的吧。

老師——暫且不論好壞，盧梭想說的正是類似的情況。

今日子——像學校班上要決定什麼事情的時候，總是很難整合大家的意見，導致最後通過的都是比較會吵的小團體的意見。不過，只要清楚意識到盧梭所說的公意，好像就能解決了。這真是大家做決定時的祕訣耶。

老師——是的，只要找出最大公約數就對了。這是需要大家互相對話的，班級是大家的嘛。比喻成國家的話，每個人都應該擁有主權。

政府受國民所雇用

哲夫——盧梭對於主權是怎麼說的呢？

老師——好問題。第二卷主要就是在討論主權。**主權是行使立法的權利**。所謂的立法是公意的展現，所以主權一直以來都與公意密切相關。主權即公意的行使，因此絕對不能讓渡，也不能分割。主權也具有絕對性力量。

宗吾郎——既然具有絕對性力量，所以也可以對國民做出無理要求？

老師——那可不行。主權不能超越公眾的約定範圍，因為主權仍受到整體共同利益的公意所約束。

今日子——可是有時候公眾認為是好的而做出的決定，到頭來卻可能不好啊。

老師——盧梭為此表示，立法者必須發揮啟蒙者的角色。他們必須協助身為主權者的人民做出正確選擇。

哲夫——政府的職責又是什麼樣呢？

老師——這在第三卷中會提到。簡單來說，政府的職責在於執行法律。根據盧梭的說法，立法權是國家的意志，執行權是國家的力量。若缺少那樣的力量，國家便無法成立。無論構思出多麼好的點子都無法向前邁進。

今日子——看看我們國家的內閣就知道了。

老師——他們本來的功能是汲取我們的意志，忠實地加以執行呢。盧梭也將政府稱為支配者或統治者，但他的意思並不是身為主權者的人民是他們的被支配者。支配者不過是主權者所僱用的人罷了，所以人民不但能限制他們的執行權，也能將他們解聘。

網路社會實現盧梭的理想？

哲夫——要怎麼做呢？

老師——盧梭的構想是定期集會。

哲夫——所有人一起？

老師——是的。像是「主權者是否希望保有政府目前的型態」、「人民是否希望繼續由目前委託的對象負責管理」等問題，由大家投票決定。

宗吾郎——可是，如果不是小到一個程度的國家就無法做到吧。

老師——盧梭也是這麼說的。當今的日本大概很難做到。

今日子——幸虧現在有網路，可能性也慢慢變大了，不是嗎？

老師——或許有這個可能。只不過，是否可稱之為盧梭的理想國家就另當別論了。

哲夫——盧梭所謂的理想國家是什麼樣子？

老師——盧梭並沒有說有個理想國家能夠完美適合所有人民、所有環境。只要回首歷史，就能明白這個道理。他是這麼說的，「無論任何時代，何謂政府的最佳形式始終備受討論，然而討論的當下，**有一點往往未被納入考量，那就是無論何種政府在某些情況下可能為最佳，在某些情況下則可能為最糟**」。

宗吾郎——這真是聰明的見解呢。大部分的思想家都是舉出一個自己理想中的國家樣貌，然後主張這樣的理想能夠行遍天下。

今日子——我倒是覺得民主主義國家永遠都很理想。

老師——有趣的來囉。盧梭表示，民主政體僅適用於貧困的小國。而君主政體僅適用於富裕人民，貴族政體雖適用於富國，不過僅止於規模適中的國家。這就是所謂的「最佳組合」。

哲夫——意思是，無論如何都有這三種。

老師——是的。我們先來談談各個體制的特徵吧。根據盧梭的說法，民主政體並未區分立法權與執行權，黨派形成後就會引發內部糾紛。這種體制過於極端，不適用於人類，所謂上帝的子民。相對而言，在君主政體中包括人民的意志、支配者的意志以及國家力量，所有一切皆根據相同的原動力，朝著同樣的目標邁進。

但是，一旦前進的方向稍有錯誤，人民就會落入不幸。而在貴族政體中，主權與政府相互區分，若統治著眼於多數人民利益，則可稱之為理想政體。

今日子——他的結論是，立法權和執行權相互區分的民主政體是理想政體囉？

老師——盧梭是說像那種真正的民主體制不但未曾出現過，今後或許也不可能出現。即便如此，我想很明顯地直接民主制是盧梭的理想體制。

名為利維坦的大海怪

今日子——同樣是社會契約論，內容還真是各式各樣。

哲夫——咦，難道還有其他社會契約論？

今日子——哲夫，你不知道嗎？像是霍布斯（Thomas Hobbes）、洛克。對吧，老師？

老師——是的。那麼，在此先來介紹一下其他的社會契約論，方便大家做比較吧。我想大家都非常清楚盧梭的立場了。首先以時間順序來看，英國的霍布斯的社會契約論排在最前面。他認為，為了避免「萬人與萬人鬥爭」的自然狀態，就只有將主權讓渡給國王。

這種情況最終將演變成由國王統治，但這又和君權神授說不同，而是根據契約統治，所以人民也能夠認同。他闡述社會契約論的著作《利維坦》(*Leviathan*，或譯《巨靈論》)的封面，畫著一個身形龐大的國王，國王身上穿的衣服是由無數人民的臉龐所構成。順帶一提，利維坦原為《聖經》中所出現的海怪。

哲夫——可是，如果國王像大海怪般恣意妄為、不受控制的話，又該怎麼辦呢？

老師——權利既然已經讓渡，就無計可施了。因此洛克等人才會提出只是將權利暫時託管的概念。而且託管對象不僅國王一人，另外還有議會。若是連議會都失控了，人民就有抵抗的權利。也就是抵抗權。這些都在他的《政府論》中有所著墨。

宗吾郎——只是託管的話，就能叫他們歸還了。

老師——正是如此。以盧梭的立場來說，我們是主權者，而支配者終究只是受僱用者，當情況失控時，我們當然能中止他們的權力。方法就是剛才所說的定期集會。此外，洛克主張的是間接民主制，盧梭則主張直接民主制。

今日子——洛克的社會契約論很像當今日本的制度。我個人覺得所謂的公意很不切實際，不過莫名地覺得很有魅力就是了。

老師——就像盧梭說的，小國就有可能實現吧。日本的地方自治實際上也有納入類似直接民主的制度，像是罷免或公投等。而且正如先前提到的，幸虧有了網路，即便是國家層級，**確認公意後直接施行民主制度的可能性也愈來愈大了。**

哲夫——老師，《社會契約論》的最後一卷是在說什麼呢？感覺還停留在第三卷……

老師——這個嘛，第四卷討論的同樣是國家體制，比較有趣的部分是「監察官」或是「公民宗教」的相關論述吧。所謂的監察官，任務在於維護公民習俗，同時使其不致腐化。公民宗教則是以社會契約或上帝神聖性為教義的教誨，這部分仍以個人的心靈教育為目的。

哲夫——盧梭這個人是不是很愛說教？

今日子——他的《愛彌兒》也很有名。

宗吾郎——我倒是讀過一點。

哲學家的理想與現實

老師——那也是一本名著。畢竟可是曾讓那位對時間相當嚴格的康德讀到入迷，就連每天的例行散步時間都忘了。

哲夫——《愛彌兒》是什麼樣的內容？和《社會契約論》有什麼關係？

老師——大致上是純粹的教育論。書中提到隨著人類各個年齡階段的發展，教育都有其應有的結構與功能。只是最後也論及政治思想。至於教育和《社會契約論》有什麼關係，或許可以這麼說，《愛彌兒》所主張的人類原本的自然姿態該如何在社會這樣的框架中繼續維持下去，這樣的探討大概就是所謂的社會契約論。話說回來，言行不一用在這裡還真貼切呢。

今日子——咦，為什麼？

老師——盧梭後來將他的五名子女全都送進了孤兒院。聽起來雖然慘忍，不過當時的貧困人家好像都會這麼做。這樣的人卻寫出留名青史的教育書籍《愛彌兒》，想想還真是諷刺……

宗吾郎——說到哲學家，類似的人其實很多。

老師——被你說到痛處了。

宗吾郎——啊，老師當然是另當別論囉。

老師——沒這回事，被你說中啦（笑）。

※參考書目

《社會契約論》（桑原武夫等人譯，岩波書局）
《社會契約論》（中山元譯，光文社）
《社會契約論》（作田啟一譯，白水社）
《不平等論》（中文或譯《論人類不平等之起源與基礎》）（小林善彥等人譯，中央公論新社）

超譯《社會契約論》名句

「人生而自由，
但卻無往不在枷鎖之中。」

「我們將身體和所有力量都化為共同所有，
從而成為難以自整體分割的一部分，
一同領受（所有權力與自由）。」

「公意僅考慮共同利益。眾意僅考慮個人利益，
只是個人意志（特殊意志）的總和罷了。」

其人其事

盧梭

Jean-Jacques Rousseau（1712～1778）

法國啟蒙時代哲學家。一生苦於懷才不遇，年輕時便過著顛沛流離的生活。他批判文明或社會不符合人性的那一面。一般認為盧梭的社會契約論主張根據公意的主權在民思想，對法國大革命產生了深遠影響。他也是個音樂家。著有《社會契約論》、《愛彌兒》、《論人類不平等的起源和基礎》（*Discourse on the Origin and Basis of Inequality Among Men*）等書。

給對盧梭有興趣的你

推薦書單

《愛彌兒》

岩波文庫｜盧梭著｜今野一雄譯

康德也愛不釋手的盧梭教育論

《不平等論》

岩波文庫｜盧梭著｜本田喜代治等人譯

同樣適用於現代社會的文明批判

《自豪的公民：成為盧梭的讓－雅克（Jean-Jacques）》

岩波書店｜小林善彥著

深入剖析盧梭其人的傳記入門書

※台灣相關出版品

盧梭著，苑舉正譯，《德行墮落與不平等的起源》，聯經，2015。

盧梭著，魏肇基譯，《愛彌兒》，商務，2013。

盧梭著，徐百齊譯，《社約論》（二版），商務，2000。

LESSON 5
對本身判斷感到迷惘時，該怎麼辦？

康德
《純粹理性批判》

Immanuel Kant
Critique of Pure Reason

每天在固定時間散步的哲學家

老師——大家要有心理準備，今天的內容有點難喔。今天要談的是康德的三大批判巨著之一《純粹理性批判》。想在短時間內加以理解，幾乎是不可能的。

哲夫——把不可能變成可能，就是老師的魔法啦。

老師——一開始就給我這麼大的壓力。我會努力的。對了，大家知道康德這個人嗎？康德是活躍於十八世紀的德國哲學家，甚至有人將他定位為德國觀念論的近代哲學主流的起點。除了三大批判著作的另外兩本《實踐理性批判》（*Critique of Practical Reason*）與《判斷力批判》（*Critique of Judgment*）之外，**康德也寫了後來成為聯合國範本的國際政治論書籍《論永久和平》**（*Prepetual peace*）。

今日子——聽說康德是個很嚴謹的人。

老師——他不僅在思想上相當嚴謹，連個性也是。像是每天都會在固定的時間散步。

哲夫——好像慢慢覺得不安了起來。我跟他實在是差太多了，得戰戰兢兢才行。

老師——放輕鬆，先來看看序文吧。這部分記載了康德撰寫這本書的動機。根據這裡的說明，似乎是想為讀者勾勒出形上學的示意圖。

康德建構出「理解的使用說明書」！

宗吾郎——所謂形上學的示意圖，像是哲學的邏輯說明書嗎？

老師——就是這種感覺。再講得簡單易懂一點，就好比理解的說明書。根據人類的理性可能產生何種理解，然後又能理解到什麼程度。接下來的說明需要用到好幾個名詞，那麼先從這裡開始逐一確認。

其實洛克已經指出這點，所以大家都知道我們的理解源自於經驗吧。例如，我們將麵包這種感覺印象當作某種資訊，進而理解對象。此時必定包含「是什麼時候的麵包？」的時間觀念。這就是所謂的「經驗性理解」。大家都懂吧？

哲夫——跟我們平常所說的理解一樣。

老師——但不僅止於洛克所說的源自於經驗的理解。「所有變化必有其因」這樣的命題，不一定是從經驗歸納出的結果。這就叫做「純粹理解」，也是這本書最大的重點。

今日子——換句話說，經驗或感覺以外的理解就是純粹理解囉。

A priori？A posteriori？

老師——沒錯。拉丁文中所謂的先驗（或譯先天）理解就是「A priori」，而包括經驗在內的後驗（或譯後天）理解就是「A posteriori」。

宗吾郎——A pri……a po……都快咬到舌頭了。

老師——**A priori**是先驗的意思，也就是先於經驗。相對的，**A posteriori**是奠基於經驗。理解這類用語的意義也很有意思，大家就再忍耐一下吧。

宗吾郎——原來如此，謝謝老師的說明。

老師——先驗理解的判斷分成「分析判斷」和「綜合判斷」兩種。綜合判斷就是我們一般根據經驗進行像是「蘋果是紅色的」之類的判斷。在這種情況下，似乎能夠立即認同。

哲夫——唔，大概是。

老師——至於為什麼能夠認同呢？那是因為我們擁有蘋果與紅色相互連結的直觀，而那種直觀又和概念綜合後形成判斷。

哲夫——所以才稱作綜合判斷。

老師——是的。同樣的情況，述語的部分還有其他各種可能性，像是「甜的」、「大的」等。相對而言，大家覺得「所有物體皆有其寬度」這句話怎麼樣呢？

今日子——這就沒辦法立即認同了。

老師——這是因為必須分析物體的主語內容才能夠理解。像這樣分析主語後的先驗判斷，就叫做「分析判斷」。

哲夫——剛才說的是先驗分析判斷，那先驗綜合判斷呢？

沒有對象，就無法「思考」

老師——那麼，我們就針對先驗綜合判斷再詳細說明一次吧。先驗綜合判斷又有數學判斷與自然科學判斷之分。「兩點之間的最短距離為直線」是數學判斷，「物質質量不變」則是自然科學判斷。康德表示，《純粹理性批判》的主題——形上學的命題，必須包含這樣的先驗綜合判斷。

宗吾郎——換句話說，先驗綜合判斷就是「純粹理論批判」囉？

老師——是的。所謂的「純粹理性」事實上是針對「如何讓先驗綜合判斷成為可能」的提問。而形上學就只是探討能否回答上述問題的一門學問。

哲夫——真的好艱深喔。

老師——這雖然是個大前提，不過類似的說明可能不太好懂。總之，我們就慢慢地來看整體概念吧。接下來，開始談到「理解」。康德接續著論及理解是以什麼方式成立的。

今日子——聽來很有趣呢。

老師——不過，畢竟是康德，所以可沒那麼簡單喔。首先，他說一切思維皆由「直觀」而生。所謂的直觀，必須給予對象才會產生。換句話說，如果沒有對象就不會產生。對象只有透過觸發意識，才能成為可能。

宗吾郎——這個我懂。什麼都沒有的話，就不可能去想了。

以粉筆思考「悟性」

老師——沒錯。這種接收表象的能力為「感性」。對象就是透過這樣的感性，傳達給我們的。換言之，感性讓我們產生直觀，如此一來對象便能透過「悟性」的能力被加以思考，也就是思維。

哲夫——悟性？

老師——亦即依照感性帶給我們的內容，加以構成對象的能力。說穿了，也就是**理解事物的能力**。根據這樣的悟性才能產生關於對象的「概念」。例如，當我們一看到粉筆，悟性便隨之運作，構成像是白色、結合粉狀物的固體、寫字工具等概念。

今日子——學校老師經常拿粉筆當作例子，很容易理解呢。

老師——以眼前的事物為例，說明起來比較方便。哲夫，可以請你摸摸這隻粉筆嗎？有什麼感覺？

哲夫——它是硬的。這是理所當然的吧。

老師——我們受到對象觸發時，那個對象對於我們的表象能力所造成的結果，就是「感覺」。你一摸粉筆，感覺是硬的吧。我們正是透過這種感覺獲得對象的直觀。這稱作「經驗直觀」。大家知道它的相反是什麼嗎？

今日子——按照一直以來的脈絡，經驗的相反應該是先驗什麼的。

老師——真敏銳！沒錯，**經驗直觀的相反是先驗直觀**。不過，這裡稱之為「純粹直觀」。事實上，純粹直觀是我們大家都很熟悉的概念。

哲夫——話是這樣說，又要開始講很難的東西了吧？

老師——是**空間和時間**。

哲夫——啊，那我就懂了。

老師——那麼，哲夫，什麼是空間呢？

理解

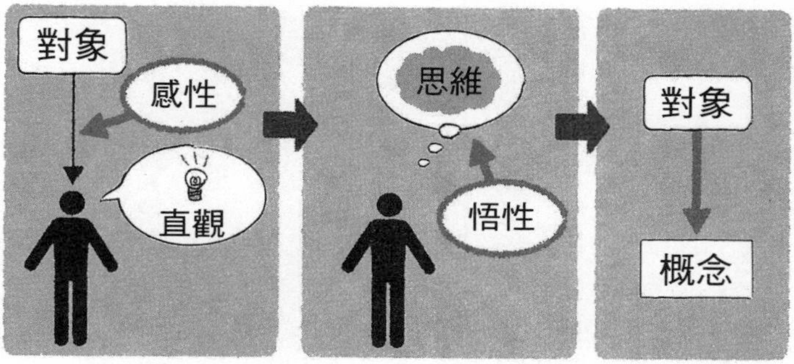

對象透過感性使人產生直觀

我們透過悟性進行思維，繼而對對象產生概念

哲夫——被這麼劈頭一問就……

老師——我們在腦海中將對象視為存在於本身以外，例如粉筆。

今日子——出現了！

老師——我們是在空間中去界定粉筆的形狀、大小、與自己的距離等表象。此時，我們身處於空間之中。康德就是如此逐步分析上述事實。而空間並非從外在經驗所獲得的經驗概念。事物為求存在，就必須奠基於空間表象。空間是先驗的，亦即從先驗直觀所引導出的純粹直觀。

宗吾郎——等等，這裡可不可以稍微先統整一下呢？

老師——啊，真抱歉。意思是，空間是先於所有現實或經驗知覺，以先驗的純粹直觀形式進入意識。簡單來說，一切現象必存在於空間之中。所以，**空間就像是我們理解事物的準則**。同樣的道理，也適用於時間。

哲夫——原來如此。時間也是同樣的準則囉？

老師——什麼是時間呢？先來看看康德的說明吧。他表示，時間並非從外在經驗獲得的經驗概念，而是存在於一切直觀根源的必然現象。換句話說，時間是一切現象的先驗形式條件。

哲夫——真的是準則呢。

老師——是啊。追根究柢，時間和空間奠基於兩種不同的認知。現象則根據這種所謂的空間與時間兩種形式被加以說明。而且這和經驗無關，並非主觀，而是客觀。所以，我們有可能與和自己擁有不同經驗的他人擁有相同的理解。

宗吾郎——也就是說，**他人和自己的準則是一樣的**。

試著思考理解的步驟

今日子——理解某種事物的機制好像逐漸明朗了呢。

老師——我想康德想說的就是這個。我們在理解什麼時，都是將外在現象加以表象化。當下所理解的東西，並非實際存在我們的腦袋裡，只是浮現在我們的意識之中。而藉由察覺外在對象而理解，就是感覺。

宗吾郎——那是基於經驗的東西吧。

老師——是的。根據經驗直觀的便是後驗理解。在此，會形成進行理解的主觀本身，和存在於世上的客觀對象這樣的關係圖。

哲夫——我們應該是在有所知覺之後，才會去思考那是什麼。這部分也是理解嗎？

老師——理解有兩個來源。一個是獲得表象的能力，發揮印象留存的作用。其次是根據這些表象理解對象的能力，經由悟性產生概念。

今日子——所以，順序是在第一階段先給予對象，第二階段就是思考那些表象囉。

老師——沒錯。根據這樣的順序，直觀與概念便成為我們理解的要素。而且這樣的理解被區分成不含經驗的純粹理解，或是經驗理解。直觀或概念包含感覺時，便稱之為經驗性的；反之，不包含感覺時則為純粹理解。

宗吾郎——不包含感覺的純粹理解是什麼情況呢？

老師——好比當我們說「兩條直線無法形成空間」時，就不包含感覺。這種情況僅包含形式。換句話說，是只以形式加諸於直觀的事物。

用於判斷事物的類型表

哲夫——還真像康德的風格耶。這部分是康德的精髓所在吧。

老師——可以這麼說。思維直觀的能力即為悟性，我們憑藉感性和悟性思維對象。**這就是我們理解的機制**。根據康德的說法，這屬於一般邏輯學的範疇，而他只試圖探究先驗原理。他的學說也因此被稱為純粹理性的邏輯學，僅探究邏輯形式的學問。

今日子——這個邏輯學跟那個很麻煩的哲學名詞「範疇」（category）有關嗎？

老師——是的。康德在分析先驗的概念後，將其彙整成不同範疇，也就是分類表。他從基本的純粹概念說明與分析開始，然後做成判斷表。

宗吾郎——他舉出什麼樣的例子呢？

老師——好比「所有物體皆為可分割」的相關判斷。這裡的「可分割」的概念，也能套用於其他許多概念吧。如此一來，包含這個概念的表象就能彙整於更高階的層級。理解的可能類型像這樣被彙整成更高一層的理解公式後，即可逐步構思出「判斷邏輯表」以及「範疇表」。

哲夫——像是用來判斷事物的類型表之類的嗎？

老師——就是那樣。判斷能力＝悟性能力。他表示，只要能夠揭示判斷的一致功能，便能毫無遺漏地發掘悟性能力。

範疇表

1	分量	單一性（全稱的）
		雜多性（特稱的）
		全體性（單稱的）
2	性質	實在性（肯定的）
		否定性（否定的）
		限制性（無限的）
3	關係	附屬性與自存性的關係
		原因性與依存性的關係
		相互性的關係
4	樣態	可能—不可能
		現實存在—非存在
		必然性—偶然性

對照範疇表，逐步判斷事物

所有的A是……

宗吾郎——不好意思，可以請老師再舉個例子嗎？

老師——好的。讓我們來看看部分的判斷邏輯表吧。整體而言，可區分成「分量」、「性質」、「關係」和「樣態」四種，其中又各自可分成三種。換言之，共有「四乘三」十二種。例如，在分量方面，分成全稱判斷、特稱判斷、單稱判斷，它們分別是「所有的A皆為B」、「部分的A為B」、「此A為B」。又或者在性質方面，分成肯定判斷、否定

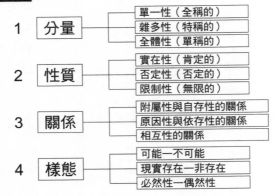

判斷、無限判斷，它們分別是「A為B」、「A非B」以及「A是非B」。而關係和樣態也都各有三種類型。

哲夫——噢，是這樣啊。

老師——康德以對應上述判斷邏輯表的形式同時揭示範疇表。該表同樣區分成「分量」、「性質」、「關係」、「樣態」四種，並且各自分成三種。所以也是「四乘三」共十二種。分量方面，為單一性、雜多性、全體性三種。性質為實在性、否定性、限制性三種。關係為附屬性與自存性的關係、原因性與依存性的關係，以及相互性的關係三種。樣態則為可能與不可能、現實存在與非存在、必然性與偶然性三種。

今日子——這個表網羅了我們悟性的全部吧。果然是思考的類型表呢。

老師——順帶一提，康德將分量與性質視為直觀的對象，關係和樣態視則為對象相互的關係。

哲夫——老師，**我們看不見的又該怎麼去理解呢？像是愛或上帝之類的。**

老師——愛或上帝這些形而上的事物，每個人的印象確實不盡相同。康德也針對這類事物表示，憑藉悟性是無法加以處理的。所謂的感性與悟性，僅能處理現象而已。更高層次的現象原理，康德稱之為「物自體」，就必須憑藉理性處理。

宗吾郎——他所說的感性是根據空間或時間的形式直觀事物的能力，悟性則是基於前述的範疇表思考事物加以理解的能力。那麼，理性呢？

老師——或許可以說是追求原理的能力吧。能夠思考「愛是什麼」、「上帝是什麼」等問題的能力。

今日子——可是，每個人對這類問題的答案都不盡相同。有所謂的正確答案嗎？

理性有其極限？

老師——這就是問題所在了。倘若企圖思考超越人類所知極限的部分，必定會陷入「二律背反」（或譯二律背馳）的狀態。康德稱之為「antinomy」，亦即相互矛盾卻又無法相互駁斥的內容。例如，他曾提出時間或空間這樣的準則，若是將空間與時間視為無始無終，這些概念之於我們遂成了難以理解的內容。相對的，若將其視為有始有終，我們仍難以理解那始與終以外的部分。

哲夫——為什麼會變成這樣呢？

老師——理由很簡單。也就是說，對此人類的理性有其極限。

今日子——真是青天霹靂。竟然在這種地方設下極限，我可是會持續思考愛或上帝的。

老師——那是非常重要的。畢竟我們是人。人就是因為難以解答，才會持續追求解答。

※參考書目

《純粹理性批判》全三卷（篠田英雄譯，岩波書店）
《純粹理性批判》全二卷（中山元譯，光文社）
《純粹理性批判》全三卷（原佑譯，平凡社）
《純粹理性批判》全二卷（宇都宮芳明譯，以文社）

超譯《純粹理性批判》名句

「人類的理性無法被摒除，
也因此必須承擔因無解問題所苦惱的命運。」

「我們的理解並非遵循對象，
甚至該說是對象必須遵循我們的理解。」

「所謂的時間與空間，對人類而言是理解的來源，
我們將其做為準則以構築理解。」

其人其事

康德

Immanuel Kant（1724～1804）

德國近代哲學家。在名為哥尼斯堡（Königsberg）的小鎮度過一生。偏好美食，興趣是散步。據說他在接觸休謨（David Hume）的哲學後，才得以從「獨斷的迷夢中覺醒」。他彙整在此之前的哲學，完成批判哲學，為「德國觀念論」奠定基礎。著有《純粹理性批判》、《實踐理性批判》、《判斷力批判》、《論永久和平》等書。

給對康德有興趣的你

推薦書單

《實踐理性批判》

岩波文庫｜康德著｜波多野精一等人譯

如果想再多挑戰一本哲學書，就是這本古典哲學！

《仔細咀嚼「純粹理性批判」》

講談社｜中島義道著

以簡潔翔實的方式介紹《純粹理性批判》

《康德入門》

筑摩新書｜石川文康著

有關康德整體思想的入門書

※台灣相關出版品

康德著，李明輝譯，《道德底形上學》，商周，2015。

薩巴斯丁·加納著，劉育兆譯，《康德與《純粹理性批判》》，五南，2009。

曼弗烈·孔恩著，《康德：一個哲學家的傳記》，商周，2005。

LESSON 6
我們能夠克服絕望嗎？

齊克果
《致死的疾病》

Søren Aabye Kierkegaard
The Sickness Unto Death

絕望有三種？

老師——今天要討論的是齊克果的《致死的疾病》。齊克果是生於一八一三年的丹麥哲學家。

哲夫——致死的疾病……感覺好像是個很黑暗的人耶。

老師——確實如此。主要和他的成長背景有關。據說，他的父親曾於年輕窮困潦倒時咒罵上帝，最後深信自己不虔敬的行為會招來神的處罰，晚年終日憂鬱。這也對齊克果產生很大的影響。他雖然接受菁英教育，成長過程卻不順遂，在時常感到絕望的同時，也持續對於本身存在的問題感到苦惱。

今日子——那就是他所說的致死的疾病吧。

老師——沒錯。**絕望才是致死的疾病**。只是那個絕望的意義並不單純。我們就以相關問題為核心，一起慢慢看下去吧。這本書由兩個部分所構成，第一部分是「致死的疾病是絕望」，第二部分是「絕望是罪」。第一部分針對絕望詳細探討，當中提出三種絕望。

絕望的種類

① 感到絕望，而未意識到擁有自我的情況

② 感到絕望，而不願成為自我的情況

③ 感到絕望，而想要成為自我的情況

絕望有 3 種

宗吾郎——噢，有三種？

老師——是的。第一種是感到絕望，而未意識到擁有自我的情況；第二種是感到絕望，而不願成為自我的情況；第三種是感到絕望，而想要成為自我的情況。

哲夫——原來如此。

老師——我們就依序看下去吧。首先是感到絕望，而未意識到擁有自我的情況。我們一般在心中都擁有所謂的自我意識。但是絕望的時候，可能不會察覺自己正感到絕望。

今日子——那還真是幸福呀。

老師——畢竟沒察覺自己正感到絕望。齊克果以充滿諷刺的語氣稱之為天真之人，並且是「最低度絕望的人」。

哲夫——那最高度的人呢？

老師——他將最高度的絕望稱作「惡魔的絕望」。惡魔指的是精神層面。這類型的人只是一股腦感到絕望而已。他說這樣的人最接近犯罪者，惡魔的絕望走到盡頭就是犯罪。這種情況很常見吧。言歸正傳，他形容那些未察覺自己正感到絕望的天真之人，就像是明明有座名為自我的豪宅，卻要窩在狗屋或倉庫裡一樣。

宗吾郎——那還真是浪費耶。

老師——齊克果將此形容為「僅距否定一步之遙」。可以說，這種情況的絕望類似於疾病。因為病人在最危險的時候反而覺得心情最好，似乎很健康，也覺得周遭的人看起來神采奕奕。

今日子——就是沒察覺到自己生病的人吧。

老師——沒錯。他還說，無法將自我視為一種精神性存在之人，即為渾渾噩噩過生活的凡夫俗子，好比那些安於久居之地或常識中，只為迎合而發揮本身才能的人。那種情況最終也稱為絕望。

宗吾郎——儘管如此，真有可能完全沒發現自己感到絕望嗎？

老師——不，事實上在這個類型中，也有人知道自己正處於絕望狀態。只是，那些人並不了解絕望的真正意義。針對這樣的人，齊克果是這麼說的：「你如今真正的絕望，遠勝你自以為的絕望。你的絕望正持續陷入更深處的黑暗。」

今日子——感覺這種就是有點絕望吧。

老師——齊克果沒這麼說，不過頗為類似。他表示這是「懦弱的絕望」。這種情況下的絕望屬於一種被動的煩惱。換言之，**那些人受到快樂、不快樂、幸運、不幸、命運所左右**。

哲夫——被耍得團團轉的那種吧。跟我還真像啊。

老師——這種人的不幸通常來自於外在，所以總是被外在的絕望耍得團團轉。這樣的生活方式永遠不可能活出自我。

宗吾郎——不過，這樣的人很多呢。

老師——確實如此。**他們的共通點是不主張自我，永遠都是被動的**。他所說的，便是這層意義的懦弱造成絕望。他們所追求的僅止於存乎這個世上的事物。齊克果稱之為「世俗物事」。所以，如果有東西能夠讓自己更快樂，就會像換衣服般輕易地去交換。

今日子——那就是「懦弱的絕望」啊……

男女有別的……

老師——接著，讓我們來看看第二種「感到絕望，而不願成為自我的情況」吧。這類型的人對於「永恆事物」感到絕望。他們將「世俗物事」中某些特定的東西視為有極大的價值。因此失去的時候，就會感到絕望。

哲夫——還滿能了解的耶。像我對於金錢方面的東西就相當重視，若是失去可是會感到絕望的。

老師——那種情況下的絕望是對於失去金錢事物所萌生的絕望，對於難以獲得補償的永恆性，或是自身能力感到絕望。

宗吾郎——也就是討厭起無能為力的自己囉？

老師——是啊。這是和自己的軟弱有關的絕望。自我應該與永恆的概念相互連結，但如今卻對自我的永恆性感到絕望。

哲夫——因為察覺到自己是個那麼執著於金錢事物的軟弱之人。

老師——不過，這類型至少比第一種「感到絕望，而未意識到擁有自我的情況」，對於絕望的意識更高。

哲夫——是嗎？聽起來好像還有得救。

老師——畢竟這裡所說的絕望，至少還擁有對於永恆性或喪失自我的自覺。這種**絕望因此出現救贖的曙光**。

宗吾郎——此話怎說？

老師——例如，人在被好友出賣時會憎恨那個人，但是憎恨反而會讓自己被對方綑綁。絕望之人到頭來對自己也會出現和上述情況相同的關係，這樣的絕望是相當深沉的。

今日子——好像又變得非常自我壓抑呢。

老師——應該說是逐漸變得「封閉」。那樣的人也不會對任何人坦承內心感受，並且學會壓抑絕望。

哲夫——哇，真孤獨啊。

老師——是的，非常孤獨。用齊克果的話來說，孤獨會逐漸學會「倔強」，那樣的倔強持續下去，便演變成自殺。在那種情況下，其實只要和某個信賴的對象談談，就能暫時打消自殺的念頭……無論如何，這都是不願成為那個原有自我的怯懦絕望。齊克果也稱之為「女性的絕望」。

今日子——這樣好像有點失禮耶。不過既然有「女性的絕望」，也會有「男性的絕望」吧？

老師——那是第三種「感到絕望，而想要成為自我的情況」。如果想成為自我，就必須擁有無限的自我意識。這並非像上帝一樣看著自己，而是自己看著自己本身的那種感覺。

宗吾郎——所以，有去看和被看的兩個自己囉。

老師——用齊克果的話來說，這和「沒有領土的國王」是一樣的。意即不受統治，也沒有統治範圍。

哲夫——從某方面來看，還真是可笑又可悲的狀態。

老師——的確如此。獨自一人企圖展現所謂自我的國王權力時，人「只會持續構築空中樓閣，持續憑空揮劍」罷了。然而，當人自以為那樣的空中閣樓已然完成的瞬間，一切又會隨之崩毀。

難以逃脫的「肉體荊棘」

今日子——這和剛才說的對於永恆的絕望很像耶。

老師——正是如此。在這種情況下，想成為自我的結果就會變成對於永恆的絕望。因此，原本希望從永恆事物獲得慰藉，反而會轉變成企求憑藉俗世物事獲得高度評價。

宗吾郎——感覺好像有什麼是永遠都擺脫不了的。

老師——齊克果以「肉體的荊棘」這句著名的話來形容。

哲夫——啊，這個我聽過！雖然不懂意思，不過的確是齊克果的名言。

老師——那種意象就是**似乎無法抽離，且伴隨著痛楚的劣等感**。由於是荊棘，所以會深深刺進我們的肉體，難以獨力掙脫。雖然可恨，卻必須一生與之共處。

今日子——到死為止嗎？

老師——是的，到死為止。

哲夫——沒有人可以幫我們拔除嗎？

老師——那是我們自己拒絕的。這裡就和之前所說的倔強開始有所關聯。要請別人幫忙拔除，還不如像這樣痛苦地活著。也就是說，那樣活著還比較活得像自己。

宗吾郎——連上帝幫忙也一樣嗎？

老師——不行，那可是種屈辱呢。一切都已經太遲了。

今日子——真像是無理取鬧的孩子。

老師——確實是無理取鬧的孩子。「這是什麼惡魔的妄想！」「殘忍！」齊克果是這麼叫嚷的。我們從中可以看到有些人在厭惡自我存在的同時，仍希望成為自我。以上就是三種絕望。

哲夫——這樣聽下來，感覺好像離死亡愈來愈近了。那種絕望也感染到我啦。

老師——我必須先澄清一個誤解。事實上，**齊克果想說的是，並非絕望就會致死。**

哲夫——咦？我本來還很篤定的以為絕望就是「致死的疾病」呢。

老師——他想說的絕望的苦惱甚至是連死都不可得。即便飽嘗死亡般的痛苦，卻絕對死不了。

宗吾郎——真是人間煉獄啊。

老師——人在認為死是最大的危險時，就會想要活下去。然而，當人認知到更可怕的危險時，就會想要求死。只是即便是在這樣的時間點，都還沒有到達極致的絕望。

今日子——這是因為還存在著可以死的希望嗎？

老師——沒錯。絕望有其矛盾之處。死是自己內在的疾病永遠的課題。但是應該死卻又無法如願，就必須摒棄死亡。

哲夫——摒棄死亡？

老師——換言之，絕望的死亡會將自己置換於生的狀態中，絕望者是無法死去的。齊克果說，就像劍殺不了思想，絕望也同樣無法吞噬本源的永恆性，也就是自我。

宗吾郎——結果問題還是在自己囉。

老師——是的。因為人並不是對什麼感到絕望，而是對自身感到絕望。所以痛苦掙扎地想從那樣的自我中掙脫。他將自我形容成「非王即無」。自己並非對於當不上帝王這件事感到絕望，而是對於當不上帝王的自我本身感到絕望。

今日子——這樣啊。所以是對於並非絕對性的自我感到絕望囉。

老師——齊克果是這麼說的，「若人類不存在著永恆性，人類就不可能感到絕望吧」。「絕望的公式」從而誕生。

存在主義的起點

哲夫——絕望的公式？

老師——首先是對自己感到絕望，從而試圖掙脫感到絕望的自我本身。但是，人類不可能吞噬自我。上述證明了人類存在的永恆性。如果人類不存在永恆性，或許就無法感到絕望，而且若絕望能夠吞噬人類自我，人類就沒有必要絕望。存乎自我的絕望即為「致死的疾病」。

今日子——不過，那必須就「無法死去」這層意義來說吧。

老師——沒錯。齊克果認為對人類而言，擁有自我是最重大的事，這也是永恆對於人類所要求最為重大的事。

宗吾郎——**齊克果好像絕不會走回頭路**耶。我開始覺得絕望也是可以克服的。

老師——是的。畢竟齊克果的哲學被視為存在主義的先鋒。

哲夫——存在主義？

老師——提倡存在主義的人可說是形形色色，後續課程中將會出現的沙特的存在

絕望的公式

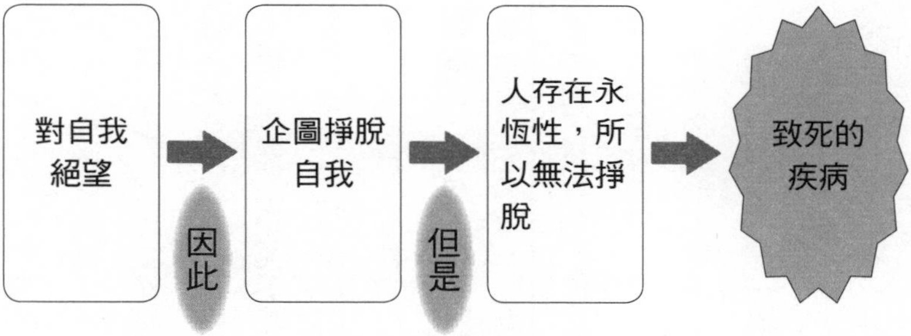
對自我絕望
因此
企圖掙脫自我
但是
人存在永恆性，所以無法掙脫
致死的疾病

正因為人類存在著永恆性，
才可能感到絕望

主義也相當著名。在此，暫且先將它定義成對於自己的生活方式擁有自覺的態度吧。就齊克果的立場而言，存在的意義可說是在「成為原本應該成為的自己」的自我形塑的無限努力中持續存在。

今日子——對於那個原本的自我感到迷失的狀態就是絕望吧。

老師——是那樣沒錯。這裡順便介紹一下齊克果所提出的三個存在層次。這部分稍微偏離了致死的疾病的相關討論，不過我想應該有助於了解他所謂的原本的自我樣貌。

宗吾郎——好比成為原本自我的步驟嗎？

老師——類似。首先是美的存在層次。在此層次中，行動或選擇的理由是美或快樂，就只是純粹過著感官生活。然而縱使得到夢寐以求的事物，等在前方的也只是深沉的倦怠感。而無法獲得夢寐以求的事物，便會陷入自我厭惡，飽嘗名為挫折的絕望。然後終於得以邁進下一個層次。

哲夫——**絕望果然是種契機呢。**

老師——下一個層次是倫理的存在層次。這個層次是人性的精神覺醒之後，希望根據倫理生活。意指行動的目的在於追求擁有高尚人格，努力驅策自己貼近一般認為應當如此、具備倫理道德的人類樣態。而這樣的路走到最後，就會一頭撞上自己的無能為力。不然，也會陷入自以為接近完美的倫理道德階段的傲慢罪惡之中。無論如何，這樣的狀態就本身的極限而言，都可稱之為絕望的深淵。接著，便邁入下一個層次。

今日子——不知怎麼的，我有點期待最後一個層次。

老師——最後一個層次是宗教性的存在層次。這個層次是在歷經絕望後，將自己完全交給上帝。在一般情況下，人會藉由像是自我否定、懺悔自己的罪，接受上帝存在於自己的內在之中。不過由於兩者的存在差距，自我會因此再度承受強烈的罪惡感。於是，人類就像這樣，逐漸接受與自己擁有極大差異性的上帝存在。那會讓有罪的自我以「個體」的身分，佇立於澄澈無垢的上帝之前。而支撐人類的力量，就只有超越理性、毫無道理可言的「信仰」。

今日子——那麼最後的層次是信仰囉？

老師——確實有人批判說，最後還不是走到了宗教。不過仔細想想，畢竟西方社會脫離不了宗教，尤其是基督教這樣的背景，所以不能將宗教信仰與哲學的挫敗相互連結。倘若沒有這樣的觀念，齊克果的思想價值也會隨之遭受壓縮。

哲夫——從西方社會的脈絡來看，好像就能理解。只是稱不上完美就是了。

老師——我想這樣就很足夠了。哲夫你也好好去煩惱一下吧（笑）。

※參考書目

《致死的疾病》（齋藤信治譯，岩波書店）
《致死的疾病》（桝田啟三郎譯，筑摩書房）

超譯《致死的疾病》名句

「絕望是種存乎於精神，
也就是存乎於自我的疾病。」

「恐怕沒有任何人是所謂完全健康的人。
同理，也沒有任何人是所謂完全不感到絕望的人。」

「人類心中若無永恆性的存在，
人類或許就不會感到絕望了吧。」

其人其事

索倫・齊克果

Søren Aabye Kierkegaard（1813～1855）

丹麥哲學家。根據宗教體驗不斷地進行思索。由於不快樂的成長經驗，還有因憂鬱而自行解除婚約的影響，使其畢生都在追求自我主體性的應有樣態。他批判以黑格爾（*Hegel*）為代表的近代理性主義，被視為存在主義的先驅。著有《致死的疾病》、《非此即彼》（*Either/Or*）、《憂懼的概念》（*The Concept od Anxiety*）等書。

給對齊克果有興趣的你

推薦書單

《憂懼之概念》

岩波文庫｜齊克果著｜齋藤信治譯

齊克果的自我追求總結論

《誘惑者日記》

白水社｜齊克果著｜淺井真男譯

齊克果的青春文學

《齊克果：美的構築》

美篶書房｜T.W.阿多諾（Theodor Wiesengrund Adorno）著｜山本泰生譯

阿多諾所著截然不同的齊克果論

※台灣相關出版品

齊克果著，陳岳辰譯，《誘惑者日記》，商周，2015。

齊克果著，林宏濤譯，《愛在流行：一個基督徒的談話省思》，商周，2015。

LESSON 7

對競爭社會感到疲憊時，該怎麼辦？

馬克思

《經濟學哲學手稿》

Karl Marx

The Economic and Philosophic Manuscripts of 1844

科學社會主義者

老師——今天要談的是馬克思。他大概是我們課程裡所提到的哲學家中，最廣為人知的一位。就連哲夫也認識吧？

哲夫——那個「就連」根本是多餘的吧。我知道一些。他是提倡社會主義的人……

今日子——咦，就這樣？

哲夫——唔……

老師——別那麼說，很好喔。正確來說，應該是科學社會主義的創始者。這是因為在他之前，已經有歐文（Robert Owen）、傅立葉（Charles Fourier）等人提倡社會主義了。只不過，他們所提倡的社會主義是以打造平等社會的理想為前提，**對馬克思而言，欠缺了科學理論**。所以，馬克思和恩格斯（Friedrich Engels）才會揶揄那些人的主張只是幻想的社會主義。

宗吾郎——我從以前開始，對恩格斯的興趣始終大過於馬克思。因為我實在很難想像有人會成為單一思想家的經濟援助者。

老師——其實恩格斯不只是單純的援助者，還是共同研究者。對他來說，援助馬克思也算是實現自己的夢想。

宗吾郎——原來如此。

了解馬克思就從這本書開始

老師——現在提到馬克思的著作，一般會以《資本論》（*Capital*）做為主要代表。不過，這裡要介紹的是《一八四四年經濟學哲學手稿》，簡稱《經哲手稿》。

哲夫——為什麼不是談《資本論》呢？

老師——理由有二。消極的理由是，《資本論》的內容過於龐大。光是日文譯本的文庫本就分成九卷。而本課程所介紹的都是希望各位務必親自挑戰的書籍，所以盡可能挑選容易閱讀的著作。基於這一點，《經哲手稿》的文庫本只有一冊而已。

宗吾郎——可是篇幅短，不代表內容簡單吧。

老師——說得沒錯。不過這本書的內容倒是不難。因為《經哲手稿》是青年馬克思剛開始研究經濟學的作品，也可以說是馬克思經濟學與馬克思主義的原點。

今日子——從目錄來看，結構還真奇怪耶。什麼第一手稿、第二手稿……

老師——其實這本書是由其他人將馬克思所撰寫的數篇手稿編輯彙整而成。

今日子——咦，我以前都不知道呢。

老師——那麼，我們就從這本書的結構開始吧。《經哲手稿》由四篇手稿構成，第一手稿幾乎都是摘自亞當・斯密（Adam Smith）等經濟學者的著作，大概占了八成。第二手稿討論的是私有財產的關係，由於手稿佚失，剩下的篇幅相當有限。第三手稿則是他一直以來的手稿補充，或類似筆記形式的內容。第四手稿是關於黑格爾《精神現象學》（*The Phenomenology of Spirit*）最後一章的筆記。這部分的篇幅同樣很少，內容也是自成一格。

宗吾郎——**哇！他也研究過亞當・斯密**。那個「上帝的隱形之手」吧？

老師——是的。只要放任不管，上帝的隱形之手就會發揮作用，讓市場達成平衡。這是當時的主流，而史密斯亦是國民經濟學者的代表人物。馬克思先從批判那樣的斯密開始。第一手稿始於斯密著名的《國富論》（*The Wealth of Nations*）中的一段話：「工資透過資本家與勞工之間的敵對鬥爭所決定。」接著，他提出「（在那

馬克思對於斯密的批判

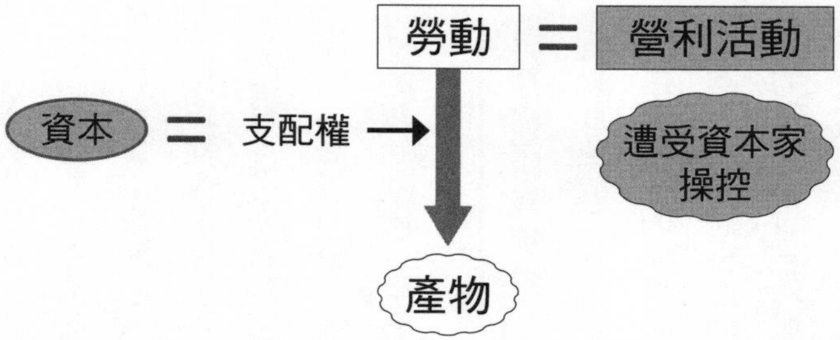

斯密等人僅將勞動視為單純的營利活動，
所以往往使勞工蒙受損失

樣的鬥爭中）資本家勝利的必然性（何在）」的問題。

哲夫——不就是僱用者與受僱者立場的不同嗎？

老師——馬克思的回答是，「比起勞工在沒有資本家的情況下得以生活的時間，資本家在沒有勞工的情況下得以生活的時間較長。資本家之間的團結已然成為一種具有效果的常規，勞工的團結則遭到禁止」。

哲夫——嗯，我想講的就是這個。

老師——這一點為工資帶來致命的影響。我們先來確認斯密的想法。他表示，所謂的工資是設定出「符合動物生存」，亦即維持勞動期間生活的最低限度。

今日子——那是為什麼呢？

老師——因為斯密想法中的勞動就是有這樣的宿命。**勞工生活的特定需求，原本就受到富人以及資本家隨心所欲的操控**。而且在高度分工後，對勞工而言，轉向其他部門工作會變得極度困難，以至於首先蒙受損失的一定是勞工。

今日子——所以說，馬克思是在批判斯密將勞動視為單純的營利活動囉？

老師——沒錯。廣泛而言，斯密等人的分析僅止於「私人所有」的框架之中。我們就在這樣的認知基礎上，轉向「資本」的相關討論吧。這裡也是從引用斯密的主張切入。他指出，資本擁有對於勞動產物的支配權和購買權。「資本為蓄積的勞動」。而在土地所有權方面，他也深入追蹤地主漸次掠奪社會所有利益的情況。好比地主支付佃農的工資愈少，就愈能從佃農身上徵收到更高的租金。

宗吾郎——那也是斯密的學說嗎？

老師——是的。馬克思根據這些內容表示，佃農階級因此被迫淪為無產階級，在大多數土地的所有權者被消滅後，無可避免地走上革命一途。

今日子——這樣聽下來，馬克思似乎很強烈地去衝撞一些本質性的東西呢。

老師——不過，讓馬克思來說的話，以斯密為首的這些國民經濟學者，並未從抽象的、概念的角度去掌握私有財產的形式。他批評這些人缺乏私有財產的本質到底會產生何種邏輯性的確切論證。

什麼是「疏離」？

哲夫——這是對人類樣態的觀點不同吧？

老師——噢，真是敏銳！

哲夫——不要這麼驚訝嘛。我都好好跟上課程了。

老師——不好意思。是的。他說遭受「疏離」（Alienation，或譯異化）的人類樣態受到忽視。

今日子——疏離這兩個字果然在這個時候出現了。

哲夫——話說回來，疏離是什麼意思？

今日子——意思是遭到疏遠。

老師——沒錯。馬克思表示，舉凡工資、資本、地租等「掠奪」原因的本質性關聯，即為任一「疏離」與貨幣制度的本質性關聯。換言之，勞工從事生產時，即成為與其勞動產品對立的疏遠存在，也就是「勞動的對象化」，他分析那樣的事實正是引發國民經濟學者所說的各種問題。

宗吾郎——愈來愈有馬克思的味道了。

老師——才正要開始呢。他說，勞工一旦勞動，就會被逼至在現實生活中難以生存的境地，直到餓死為止。勞工就連勞動的必須之物也會被奪走，愈生產就愈難獲得其勞動產品。

哲夫——處境還真是艱難啊。

老師——那種艱難還會延續下去。**勞工會像這樣，慢慢陷入名為商品的勞動產品所支配的情況之中**。這就是「始於商品的外化」，成為遭受疏離的人。

今日子——勞工為了求生存就要勞動。由於必須勞動，只得完全隸屬於勞工的對象物——商品。是這樣嗎？

老師——沒錯。從勞動的對象物疏離這一點繼續衍生下去，馬克思提到勞動本身的疏離。「勞動之於勞動者是外在的」。意指勞動不屬於勞動者的本質。這是第

疏離

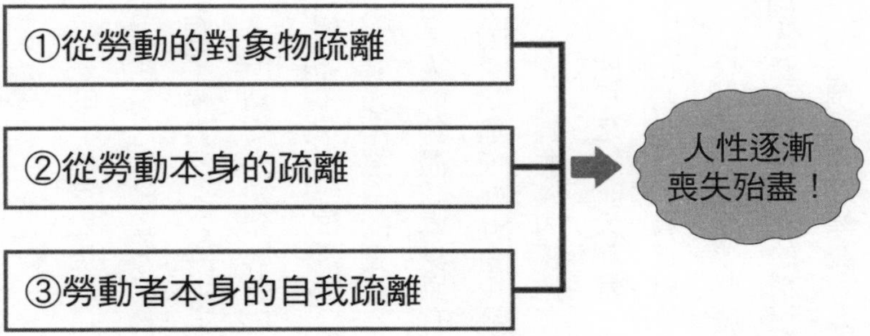
①從勞動的對象物疏離
②從勞動本身的疏離
③勞動者本身的自我疏離
人性逐漸喪失殆盡！

3 種會奪走人類的本質的疏離

二個疏離。

哲夫——不好意思，戳破今日子的美夢，不過勞動就是這麼一回事喔。反正就是消耗身心力量，只能感受到痛苦的時間。

今日子——那不就和強制勞動沒兩樣？

哲夫——被妳一語道破了呢。

老師——所以勞動時，感覺像是在自己之外。如此一來，的確不能說這是自發性勞動，而是被迫的強制勞動。這就是「勞動的外化」。在此先來說明一下第三種疏離吧。那是勞動者附屬於他人且無法擁有自己本身，亦即馬克思所說的「勞動者自我的喪失」。也可說是勞動者自我的疏離。

宗吾郎——到那種地步的話，人性好像會慢慢喪失殆盡。

老師——是的。馬克思也說這三種疏離會讓人類只能過著如動物般的生活。無論是進食或生育，都被視為動物性機能。用餐可不像今日是種文化，生育也跟所謂的「家庭幸福」有一大段距離……

哲夫——所謂的人類到底是什麼呢？

老師——根據馬克思的形容，「人是類存在」。類存在原為黑格爾所使用的詞彙，意指人身為類所擁有的獨特本性，表現出超越理性、意志或愛等僅限於個人的人類性格。人能夠體認本身原有的力量並非本身所獨有，而是屬於社會的一部分，將這份力量組織成為社會用途時，就會成為政治力量。這樣的體認也和人發揮其力時，就能得到解放的認知有所關聯。

哲夫——簡單來說，**人就是一種社會性的存在**囉？

老師——正是如此。馬克思是這麼說的。「我以人的身分活動，所以我是社會性的」。「因此，即便我本身產出些什麼，那也是我為社會所產出，而且我是在意識到個人為社會性存在的情況下進行產出」。

今日子——這個道理好像在各方面都是共通的。

老師——是啊。我們是植物或動物、岩石、空氣、光線等自然現象的對象，也是某種精神上的生活手段。換言之，我們覺得那些東西很美、有用，所以加工後將其做為食材、燃料、衣物或住所的一部分。這也是靈活運用類存在的概念。

哲夫——原來如此。那就是人類的本質。

老師——嗯。相對的，「遭受疏離」是指人將自己疏離自然，疏離自我本身所特有的活動，並且疏離類存在。也就是說，再也無法以人類共通的類存在、像是感受美好這樣的生活方式生存下去。他表示，在疏離中僅能彰顯出單純為了生存的生活，以及生活手段而已。

宗吾郎——在那種情況下，人類的活動到底屬於誰呢？若是自絕於類存在的生活模式，總不會是屬於上帝吧？

老師——屬於勞動產物的歸屬人，也就是產物的所有者。

今日子——咦，是資本家嗎？

老師——會變成那樣沒錯。**「遭受疏離的勞動」逐漸產生於與勞動的主人之間的關係中**。所謂的「私有財產」，就像這樣是遭受外化後的勞動產物，也成為一種必然的結果。

勞動的價值如何決定？

宗吾郎——所以說，私有財產就是從遭受疏離的人們所產生的囉？

老師——是的，從人不被當作人看待的勞動所產生的就是私有財產。

哲夫——呼……勞工到底算什麼啊？

老師——勞工是什麼呢？讓我們來聽聽馬克思的說法吧。**勞工的價值隨著需求與供給的關係上升或下降**。他還說，勞工的存在或生命也和其他商品一樣，被視為是某種商品的供給，以及物品層次的理解。

哲夫——果然是物品呢。

老師——而且勞工生產資本，資本生產勞工。資本憑藉勞工形成，反之因為有資本，勞工才得以形成。兩者屬於互補關係。人在此時變成除了勞工以外，其他什麼都不是的階級的人。

今日子——感覺有點嚇人耶。個性什麼的都無所謂嗎？

老師——個性完全不會受到關注。因為勞工只是疏離自我本身的存在，只為資本而存在。他們所能做的，就只有埋葬自我和餓死而已。

宗吾郎——馬克思是這麼說的嗎？

老師——沒錯。而生產是把人當作某種商品（人類商品）進行生產，勞工不論是在精神或肉體層面都已被視為非人的存在，並在這種情況下持續生產。

今日子——**那個「遭受疏離的勞動」還真恐怖啊。竟然把人當作非人存在。**

老師——「勞工愈是流血流汗地努力工作，他自己所創造出的疏離對象的世界就會更強大，而他自己本身的內在世界愈加貧乏，屬於他的東西也會愈加缺乏。」當年納粹曾對被關在奧斯威辛集中營裡的猶太人謊稱「你們愈工作就會愈自由」。事實上，他們只是逐步走向死亡罷了。諷刺的是，這和馬克思所說的現實的資本主義社會毫無二致。而我們現在正生活在那樣的社會之中。

今日子——愈工作……就愈接近死亡嗎？

老師——我們必須小心別變成那樣。讓我們察覺到這一點，也是馬克思學說的現代意義。

什麼是馬克思主義？

宗吾郎——問題就在於要怎麼樣才不至於淪落到那種下場吧。

老師——這也是第三手稿所討論的核心，**從疏離解放**。人從疏離的狀態中被解放出來，終於成為共同存在。

今日子——共產主義思想要出現了嗎？

老師——沒錯。正是共產主義運動。馬克思針對共產主義表示，「積極揚棄人的自我疏離——私有財產，並且萌生身為社會性的人的人類意識的完全自我回歸」。

哲夫——揚棄是指？

老師——原本是從黑格爾所提出的奧伏赫變（Aufheben）概念翻譯過來的。意思是**克服矛盾，更上一層樓**。而這個共產主義所帶來的「社會」，才是解決人與人之間矛盾的場域。

哲夫——老師，我知道《經哲手稿》的內容了。機會難得，可以順便教我們「馬克思主義」那個耳熟能詳的詞語嗎？

老師——沒問題。我們開頭提過可以將《經哲手稿》定位成馬克思主義的原始理論，所以無法明確說明馬克思主義的全貌。那麼，最後我來稍微介紹三個被視為馬克思主義核心要素的理論。今日子，妳知道是什麼嗎？

今日子——是階級鬥爭嗎？我只知道這個。

老師——很好。其中之一正是**階級鬥爭論**。另外兩個是**辯證唯物論**和**唯物史觀**。先從階級鬥爭論談起吧。馬克思在《共產黨宣言》中開宗明義說道：「至今所有社會的歷史，就是階級鬥爭的歷史。」

哲夫——階級鬥爭？

老師——以資本主義社會為例，亦即**資本家和勞工這兩個階級展開鬥爭**。辯證唯物論則是在後人承襲馬克思思想的過程中所冠上的名稱，**其實並非馬克思本身的概念**。

宗吾郎——是這樣啊。

老師——一般都會將辯證法和唯物論分開討論。不過，串連在一起可能比較容易說明馬克思。辯證唯物論中，將歷史活動定為生產力與生產關係的「下層結構」，以及立於其上的社會、政治制度的「上層結構」。換句話說，該理論描繪出在沒有外在因素的情況下，自行變動的歷史發展樣貌。

以歷史做為範本進行思考

今日子——這種概念又和唯物史觀相互關聯啊……

老師——至於唯物史觀，是將生產形式的歷史展開，以原始共產制、古代奴隸制、封建制、資本主義和社會主義等固定形式加以表現出來。或稱作歷史唯物論。

哲夫——意思是，歷史是依照這樣的順序演變下來的嗎？

老師——這全都只是範本而已。他認為，生產力由於生產效能的提升而逐漸不符合生產關係時，那樣的矛盾就會成為原動力，促使歷史往下一個階段進展。例如，封建制度朝資本主義的轉換即肇因於工廠生產之下的資本累積。

今日子——這種演進的最後階段就是社會主義吧。

老師——正是如此。充滿矛盾的資本主義會被革命推翻，逐漸轉換至適應生產力的社會。屆時便換成各盡其能、依能力分配的社會主義，或是各盡其能、根據需求獲得分配的共產主義粉墨登場。

哲夫——聽來好有活力喔。競爭社會有夠累的，馬克思很能引起我的共鳴呢。

老師——確實有部分觀點認為，資本主義在二十一世紀已經走進死胡同。現在或許正是重新閱讀馬克思的好時機。今天的課程若能成為大家開卷的契機，就太令人高興了。

※參考書目

《一八四四年經濟學哲學手稿》（城塚登等人譯，岩波書店）
《一八四四年經濟學哲學手稿》（長谷川宏譯，光文社）

超譯《一八四四年經濟學哲學手稿》名句

「工資透過資本家與勞工之間的敵對鬥爭所決定。」

「我是為了社會而產出，
並且是在意識到個人身為社會的存在的情況下產出。」

「勞工愈是流血流汗地努力工作，
他的內心反而會跟著愈加貧乏，其財產也會隨之更加匱乏。」

其人其事

卡爾·馬克思

Karl Marx（1818～1883）

德國哲學家、經濟學家。科學社會主義思想創始者。他在盟友恩格斯的資助下，確立「馬克思主義」，對後世產生極大影響。年輕時舉家亡命英國，終日待在大英博物館的圖書室裡埋首研究，外傳也因此餓死自己的女兒。著有《一八四四年經濟學哲學手稿》、《共產黨宣言》（*The Communist Manifesto*）、《資本論》等書。

給對馬克思有興趣的你

推薦書單

《共產黨宣言》

岩波文庫｜馬克思／恩格斯著｜大內兵衛等人譯

容易上手的「馬克思主義」原點

《資本論》

岩波文庫｜馬克思／恩格斯著｜向坂逸郎譯

雖然是本巨作，卻是馬克思主義的聖經

《如今正是回頭研讀馬克思的時候》

講談社現代新書｜廣松涉著

理解馬克思的正統入門書

※台灣相關出版品

馬克思著，林宏濤、黃煜文譯，《如何改變世界：馬克思與馬克思主義，回顧、反思，與前瞻》，麥田，2014。

馬克思著，黃煜文譯，《共產黨宣言》（完整導讀版），麥田，2014。

石計生著，《馬克思學：經濟先行的社會典範論》，唐山，2009

LESSON 8
什麼是自由地活著？

沙特
《何謂存在主義》

Jean-Paul Sartre
Existentialism is a Humanism

拒絕諾貝爾獎的哲學家

老師——我們今天來認識一下沙特吧。他最有名的著作是《存在與虛無》（*Being and Nothingness*），小說則是《嘔吐》（*Nausea*）。

哲夫——咦，沙特是位作家？

老師——當然是位哲學家不會錯，他還是一位非常有名的作家。畢竟他曾經拒絕接受諾貝爾文學獎呢。

宗吾郎——從拒絕這層意義來看，真不愧是哲學家。因為他不想仰賴權威。

老師——或許可以這麼看吧。

今日子——所以今天要討論的是《存在與虛無》囉？

老師——那本書也很好。不過，根據我們這一系列課程「選擇易於閱讀的著作」的宗旨，我想《存在主義是一種人文主義》會比較適合。該書名是自原文書直譯而成，日文譯本則改譯為《何謂存在主義》。

哲夫——比較起來，這本書還真薄。

老師——事實上，這本書是記錄演講或討論的內容，另外點綴些許短篇小說而成。我想今天就把焦點放在它的核心，亦即演講的部分。

今日子——這大概是什麼時候的作品呢？

老師——一九四五年，也就是第二次世界大戰結束的那年。當時沙特四十歲。此前，他已經發表過大作《存在與虛無》以及小說《嘔吐》，稱得上是位名人了。那場演講是在巴黎一個名為「現代俱樂部」的地方舉行，據說當時聽眾多到擠不進會場，隔天新聞也大幅報導。

宗吾郎——那個時候存在主義這麼受歡迎啊？

老師——不，在那當下並非如此。反而是被外界用放大鏡檢視，因此聚集的人潮全是為了一探究竟而來。存在主義在當時似乎還是一個具有負面印象的詞彙，使得世人對其充滿誤解。沙特在那場演講中則精彩地加以澄清。

哲夫——所以，書名才取作《存在主義是一種人文主義》。像是存在主義的入門書嗎？

老師——存在主義一詞除了前面介紹過的齊克果，其他如海德格（Martin Heidegger）、雅斯培（Karl Theodor Jaspers）等人都曾提出。而且隨著論述者的不同，所做的詮釋也有些微差異。不過，其中又以沙特的存在主義最為知名。說到沙特的存在主義入門，應該是這本書莫屬。

宗吾郎——而且是由本人親自解說的吧？太好了，請老師快點開始。

老師——**那我們就開始吧**。沙特在開頭說道：「我將針對存在主義於此前所遭受的幾點責難，試著加以擁護澄清。」他對於所謂的責難，舉出「存在主義將人們誘導向絕望的寂靜主義（Quietism），最終將回歸到某種靜觀哲學上」等例子。

今日子——存在主義在當時被認為是相當消極的思想。現在很難相信就是了。

老師——有些提倡存在主義的人過著頹廢的生活，大概是受到那些印象所拖累吧。所以，沙特認為首先必須澄清相關誤解。他表示，「我們所說的存在主義的意義，是種**讓人類生活趨於萬能的教誨**，另一方面，也是宣示一切真理、一切行動皆蘊含環境與人的主體性的教誨」。

宗吾郎——又是個龐大的前提概念。具體內容呢？

老師——他說，存在主義者有兩種。一種是基督教信徒。另一種則是無神論的存在主義者，沙特也是相同立場。上述兩者的共通點在於「**存在先於本質**」的知名概念。

哲夫——存在先於本質？

老師——沙特認為這句話也可以說是「必須從主體性出發」。他同時以拆信刀為例加以說明。拆信刀是以某種方法所製造出來的物體，並擁有特定用途。所以在此情況下，拆信刀的本質先於存在，或許可以說拆信刀的存在是受到限定的。

今日子——就是到底是存在先，還是本質先的問題吧？

老師——大致如此。所以，像拆信刀那種製造方式與用途等早已決定的存在，就是本質先於存在。但是，人類又是如何呢？沙特想說的就是這個。

哲夫——他是說「存在先於本質」。

老師——說得更詳細一點，「這意味著人類是先存在，在世界中毫無預期地展現姿態，其後再被定義」。人類在最初是個什麼都不是的存在，之後才成為人類，而且是自我形塑當下的存在。這就是主體性。

擁有主體性地生活！

宗吾郎——主體性……啊，我想起來了。沙特就是給人這種感覺。那在我年輕時曾經一度蔚為風潮呢。老實說，我當時也不太了解，原來是這麼一回事啊。

老師——沙特是這麼說的，「人類並非青苔、腐蝕物或花椰菜，首先最重要的即為以主體性活出自我的投現（Entwurf）」。而投現的意義，類似於投設或籌畫。

哲夫——意思是，人生完全憑著自己的意志決定吧？

老師——正確來說，並非意志。沙特表示，自我與意志不同。「我們平常所說的意志是意識性決定，對我們大多數人而言，都是在自己創造出什麼後隨之而來」。

宗吾郎——不是意志的話，會是什麼呢？

老師——他說，是比意志更為根本，**更加自發性的某種選擇**。只要那是自己的選擇，**就必定伴隨著責任**。這一點非常重要。

今日子——自己的選擇伴隨著責任不是很一般的說法嗎？

老師——不，沙特所說的責任很不平常。換言之，他的意思並非肩負對於個人的責任，而是對於全人類的責任。

哲夫——全人類？太誇張了吧！

老師——並不誇張，沙特是非常認真的如此認為。他說，選擇自己也就是選擇全人類。我們的責任就是與全人類「締約」（Engage）。

存在主義

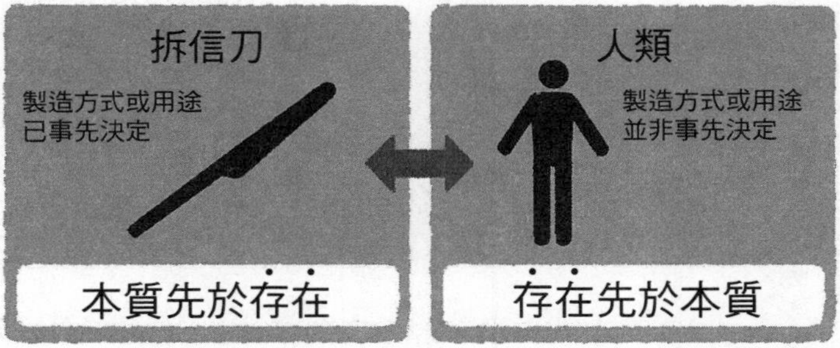

人類在最初是個什麼都不是的存在，之後才成為人類

而且是屬於自己創造之處的存在

哲夫——締約是什麼意思？

老師——這是沙特的用語「Engagement」的動詞，意思類似於**積極參與、介入**。我們來看看沙特是怎麼比喻的吧。「倘若我希望結婚生子，即便這樣的婚姻主要基於我個人的境遇、熱情或欲望，我仍將藉此積極參與，促使自己，甚至是全人類朝一夫一妻制的方向邁進」。

宗吾郎——啊，我對這一點好像心有戚戚焉呢。人的確會受到他人所影響。事實上，沙特的選擇即使還不到全人類的地步，卻也影響了很多人吧？

哲學家的戀人

老師——沙特經常以夫妻或生子為例，這大概跟他平常思考的切身問題有很大的關係吧。沙特的戀人是名為西蒙．波娃（Simone de Beauvoir）的著名作家，他們從學生時代開始便相伴並持續一生，卻未步入婚姻。不過，沙特卻履行了前述的約定。而男女這樣的相知相守的模式，也影響了不少人。

今日子——是說過「女人並不是生就的，而寧可說是逐漸形成的」的那個波娃吧？這一對的感覺還真像呢。

老師——要說兩人真的沒有絲毫不安嘛，那就不知道了。對了，沙特從現在開始也會談到不安。他說，只要自己的選擇會產生對於全人類的責任，必定會感到不安。但是，這並非讓行動猶豫不決的那種不安。

哲夫——我的話，只要一不安就什麼事情都做不了了……

老師——沙特正好相反呢。他以軍隊的隊長為例，當隊長要部下去送死時，是自身所做出的決定。所以，身為隊長會經常經歷這樣的不安。儘管如此，卻不會妨礙其行動。而且那樣的不安才是他行動的條件。「不安並非分隔我們與行動的帷幕，而是行動的一部分」，沙特如此斷言。

宗吾郎——感覺好像是場孤獨的戰役耶。在心中的那種。

老師——是啊。沙特也說出了孤獨這樣的詞彙。因為人類不僅從自己的內心或自身之外遍尋不著其他任何應該依靠的可能性，也沒有其他退路。他將這樣的狀態形容成「**被處以自由之刑**」。

今日子——這句話很有名吧？

老師——大概是很有震撼力的關係。所謂的「被處刑」，是指人類不是自己創造出自己，而且既然被扔進這個世界，就必須對自己的一切所為負起責任。

哲夫——就像宗吾郎說的，人生真像是場孤獨的戰役呢。

老師——為了讓大家更清楚了解這樣的孤獨，沙特以某個學生的事為例。據說那位青年對於應該侍奉母親或遠赴戰地感到苦惱，所以前來找沙特商量。

哲夫——後來呢？

老師——沙特是這麼回答的，「你是自由的。所以抉擇吧。去創造吧」。他的意思是，這個世界上沒有任何指標。

今日子——可是聽到這樣的回答，特地去找他商量就沒意義了。

老師——怎麼會呢。以沙特的話來說，**當人去找他人商量時，其實心中已經有了答案**。而且是抱持著那個人的話，一定會這麼對我說的心情，去找人商量。

哲夫——這麼說倒也不假。想要有人推自己一把吧。

老師——是吧。但是真想那麼做，**自己至少也要採取行動才行**。所以，那果然是一場孤獨的戰役。我很能理解沙特所說的存在主義與寂靜主義完全相反，就像是油和水呢。

宗吾郎——那麼，可以將寂靜主義定義成「什麼也不做」嗎？

老師——正確來說，應該是提倡「我想做的事，別人也可能會做」的人們的態度。存在主義對此則是明確表示，「除了行動之外，無法實現」。

確信犯的樂觀主義⁉

宗吾郎——寂靜主義者等同於有負面想法的人吧。

老師——沒錯，相當負面。例如，一旦遇到什麼做不到的事，就會馬上找藉口。「這是有原因的」、「原本應該做得到的」等。無法談戀愛，或是創作不出來時也是同樣情況。

哲夫——存在主義者在那種情況下會怎麼思考呢？

老師——沙特是這麼說的，「對存在主義者而言，除了逐漸形成的戀愛，其他都不是戀愛；除了在戀愛中產生的可能性，其他都不是戀愛的可能性；除了在創作中展現出的天才，其他都不是天才」。

今日子——這已經超越了正面思考，只能說它是很酷的一句話。而且似乎有點樂觀。

老師——所以才會在戰後的新時代大受歡迎吧。順帶一提，沙特對於這樣的樂觀也是有所自覺的。他說，「但是正因如此，才會惹得大家都說負面的寂靜主義者討人厭」。沙特是個確信自己所做的事的正當性的樂觀主義者呢。

宗吾郎——不過，他所說的人類是由行動所形塑這一點，可能還有待商榷吧。我認為某種程度上仍存有與生俱來的，或是由環境所塑造出來的部分……

老師——沙特刻意不願承認這點。所以，卑劣分子是自我淪為卑劣分子，英雄也是自我成就為英雄。而且這些人其實都具有不成為那種人的可能性，只是不去做罷了。也就是他所謂的「締約」。

存在主義是自我中心？

今日子——懂是懂，不過總有種以自我為中心的感覺。

老師——要說全都由自己決定，倒也真是如此。事實上，的確有類似的批判指責存在主義是主體主義。不過，沙特也針對這部分做出明確回應。主要有三種批判。第一種批判是「那就會變成不管你做什麼都行的情況」。

哲夫——對啊，這個指責真是敏銳耶。沙特是怎麼回答的？

老師——「選擇就某種意義而言是種可能，若非可能就不會選擇」，他在此前提下舉例說，若被迫必須對於生子這件事做出選擇，無論是要保持純潔，抑或結婚生子，總之都必須承擔全部責任。

今日子——出現了。又是結婚和生子的例子……

老師——換句話說，眼前明明也有不選擇這個選項，無論後來做出什麼決定，既然勉強選了，便伴隨著責任。而且既然選擇了伴隨而來的責任，就不可能出現沒有責任的行動。

宗吾郎——既然什麼都能做，也實際採取了行動，絕非抱持著不負責任的心態行事，就根本沒有批評的價值。

老師——就是那樣。第二種批判是「你不能評斷他人」。這是說每個人都是根據自身責任做出選擇，所以對於做出被視為多麼不應該的選擇的人，也不能加以責難。

哲夫——這批判也很有道理啊。沙特能夠有力反擊嗎？

老師——他反擊了。他說，**每個人都各自擁有判斷能力**，「我們能夠判斷某種選擇成立於錯誤之上，而某種選擇成立於真實之上。人能夠做出認為某人是欺瞞的判斷」。

今日子——這樣啊。所謂的自我選擇是根據某種判斷後才採取行動，所以當下覺得**奇怪的事換成別人去做，就能加以指責了**。

全新的人文主義

老師——畢竟沙特也在批判爭論對手嘛。第三個是非常重要的批判，也和這本書的書名有所關聯。「你一手做出某種選擇，另一手則賦予其價值判斷。換言之，那所謂的價值只若由你所選，最終仍基礎薄弱」。

哲夫——所以自己先創造出價值，然後再去說它有價值，根本毫無意義囉？

老師——正是那種感覺。沙特在此解說「人文主義」的概念。他表示這個詞彙有兩種不同含義，一般意義是「將人想成是終極目的，且為最高價值的理論」。沙特引用考克多(Jean Cocteau)取自《環遊世界八十天》的一句台詞「人類太棒了」，同時認為人像這樣去評價另一個人毫無道理，故捨棄此意。

宗吾郎——所以，在此之前人文主義的用法是行不通的囉？

老師——是的。因為存在主義不認為人是終極目的。畢竟人必須與時形塑。

今日子——那人文主義到底有什麼含義呢？

老師——來看看沙特的形容吧。「重點在於形塑人類的超越性——其意並非上帝

對存在主義的批判與反駁

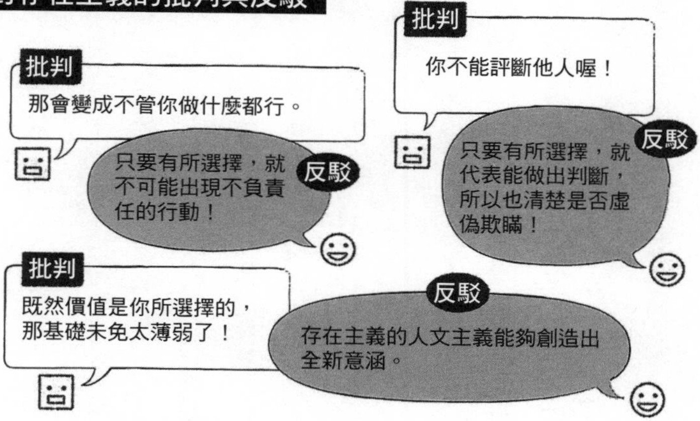
批判
那會變成不管你做什麼都行。
反駁
只要有所選擇，就不可能出現不負責任的行動！
批判
你不能評斷他人喔！
反駁
只要有所選擇，就代表能做出判斷，所以也清楚是否虛偽欺瞞！
批判
既然價值是你所選擇的，那基礎未免太薄弱了！
反駁
存在主義的人文主義能夠創造出全新意涵。

存在主義不是自我中心、自以為是的思想

是超越性的，而是在於克服的這層含義。另一個重點是，人類並非被封鎖於自身之內，而是經常性地現存於世界之中。就上述兩層含義而言的主體性相互結合，才是我們存在主義所謂的人文主義」。

今日子——所以說，能像這樣創造出全新意涵的人類，自然有充分的基礎創造價值。

老師——若回應先前的批判，確實如此。以上就是這本書的大致內容。

宗吾郎——從我這個世代來看，真的很貼切呢。我特別對於散發出不僅自己，還承擔了整體社會的堅強意志的部分很有共鳴。這大概才是自由生活的真正意涵吧。

老師——這就是締約。那或許也反映出沙特的戰爭體驗。他曾一度被徵召從軍。他在無可避免的束縛中被迫體認到所謂的自由，若非在被賦予的「狀況」中，終究是不可得的。

哲夫——個人經歷果然對這些體認影響深遠。我大概就是欠缺這些經歷吧。

老師——或許吧。沙特像這樣為了克服客觀情勢，也就是社會問題，從個人事務逐漸邁向團體性的投現。而締約正是能夠跨越客觀情勢的辯證法式主體的理想。沙特的存在主義最終也發展成透過本身行動實現社會變革的理論，被加以定型化。

今日子——沙特實際上做了什麼嗎？

老師——他和奪人自由的社會之間的對立逐漸加深。不僅接近馬克思主義，也積極參與阿爾及利亞（Algeria）獨立運動等為數眾多的社會運動，做到他自己所說的締約。是個親身實踐的人喔。

今日子——我對他愈來愈憧憬了。

老師——從十幾歲的今日子到三十多歲的哲夫，就連六十多歲的宗吾郎都能有所共鳴。沙特果然是一位超越時代的明星呢。

※參考書目

《何謂存在主義》（伊吹武彥等人譯，人文書院）

超譯《存在主義是一種人文主義》名句

「人類在最初什麼都不是，之後才成為人類，
而且是自我形塑當下的存在。」

「人類被處以自由之刑。」

「對於存在主義者而言，除了逐漸形成的戀愛，其他都不是戀愛；
除了在創作中所展現出的天才，其他都不是天才。」

其人其事

尚-保羅・沙特

Jean-Paul Sartre（1905～1980）

現代法國哲學家。提倡存在主義，本身也積極參與社會運動。除了哲學書籍之外，也運用小說或戲曲等各種表現方式風靡於世。與戀人波娃之間有實無名的婚姻關係、拒絕諾貝爾文學獎，以及參與阿爾及利亞的獨立戰爭等，時常掀起討論話題，以時代寵兒之姿縱橫 20 世紀。著有《存在主義是一種人文主義》、《存在與虛無》、《嘔吐》等書。

給對沙特有興趣的你

推薦書單

《存在與虛無》
筑摩學藝文庫｜沙特著｜松浪信三郎譯
沙特思想書籍中的主要著作

《嘔吐》
人文書院｜沙特著｜白井浩司譯
沙特的代表小說

《沙特》
筑摩學藝文庫｜唐納德.D.帕爾默（Donald D.Palmer）著｜澤田直譯
能夠得知沙特一切的入門書

※台灣相關出版品

沙特著，陳宣良、杜小真譯，《存在與虛無》（新版），左岸，2012。

沙特著，潘培慶譯，《詞語：讀書與寫作的回憶》，左岸，2006。

沙特著，桂裕芳譯，《嘔吐》，志文，1997。

沙特著，林驤華等譯，《辯證理性批判》，時報，1995。

LESSON 9

如何才能了解他人？

列維納斯

《整體與無限》

Emmanuel Levinas

Totality and Infinity

思考他者

老師——今天來談談列維納斯的《整體與無限》。這是一本徹底思考「他者」的著作。我想也可以稱它是列維納斯的主要作品。

今日子——列維納斯曾被關進集中營吧？

老師——因為他是猶太人的關係。

哲夫——那樣的經歷終究影響到他的思想嗎？

老師——影響非常深遠喔。我先來介紹這號人物吧。列維納斯出生於立陶宛，後來歸化法國。他被法國徵兵後，在德國遭到俘虜。幾乎全家都慘遭殺害，但是他卻得以倖存。

宗吾郎——情緒想必相當複雜吧。我好像隱約能夠了解他為什麼會對「他者」這樣的命題感興趣。

今日子——我對於他者實在沒輒。我的自我意識頗強，所以老是不自覺地和朋友產生摩擦。

老師——那麼，我想今天的課程對今日子應該會有所助益。因為即使把列維納斯的這本著作稱為「他者論」也不為過。看看它的構成就能了解。除了序文和結論之外共有四部，標題如下。第一部是「『同』與『異』」，第二部是「內部性與經濟」，第三部是「面孔與外部性」，第四部是「面孔彼端」。這裡所謂的「異」或「面孔」等概念，都是在表現他者。

今日子——經常出現「面孔」一詞還真有趣。我對這點很好奇呢。

哲夫——像今日子這種對自己的臉很有自信的人，才會有這種感覺吧。

今日子——拜託，你就別逗我啦。

老師——那麼我們趕緊來看內容吧。列維納斯首先思考自己與他者之間的關係，人類是如何詮釋外在事物。大家一開始是憑藉什麼去詮釋外在的物或人？

哲夫——是用眼睛吧？

老師——一般來說是如此。不過，存在於世的事物全都是因為某種目的而存在，特別是在被人類所認知時，對人類而言又會產生何種意義呢？這才是他所謂詮釋的形式。筆是為什麼而存在的呢？

哲夫——為了書寫。

老師——麵包呢？

哲夫——為了被吃。

老師——沒錯。因為那全都是工具。打個比方，此時的事物可說是藉由手，而非眼睛被加以詮釋。

宗吾郎——這就是列維納斯的想法嗎？

老師——不。列維納斯的想法更進一步。例如渴求麵包時，是欲望在渴求麵包吧。此時麵包就不只是道具，而是生存食糧。如此一來，比起手，也可說是用口來詮釋事物。

今日子——不是眼睛，也不是手，而是口……感覺像是人類本質之類的東西。

老師——「不是用眼睛或手，而是口」這種思考的意義，與所謂的「世界因我而存在，抑或是和我毫無關係的存在」相互關聯。也就是說，這個世界並非因我渴求，而被塑造成我所渴求的樣貌，或許更應該說是這個世界圍繞著我、支撐著我。

人類是殘缺的集合體

哲夫——有點難耶……那麵包呢？

老師——麵包並非為了被人類食用而存在，而是為了滋養人類而存在。列維納斯形容，「在世界為工具之體系的前提下，世界也是食糧的總體」。

哲夫——原來如此。

老師——不過，存乎於世上的一切事物幾乎都是由雙手所創造出來，為人類而存在。所謂的勞動即為手段之一。我們圈出廣大土地，開始耕種後才形成田地。就這層意義來說，「無形之物的形態化」才稱作勞動。

今日子——可是人為什麼要將形體明確化呢？

老師——那是為了擁有。我們藉由擁有，讓原為「他者」的世界成為我們的，也就是成為「同」。

哲夫——將麵包視為食物占有後，麵包便納入人類的掌控之下。是這個意思吧？

老師——沒錯。人類是需求的集合體。換言之，也是殘缺的集合體，所以人類才會渴求。而在滿足需求的同時，世界的一部分又成為我們的了。但如此一來，**是否存在著我們無法回收的絕對他者便成為探討的問題**。也可以說是列維納斯的課題。

今日子——意思是不受人類需求的事物嗎？

老師——是的。不過，人類仍會追求。儘管如此卻絕對不會獲得滿足。列維納斯稱之為「欲望所追求的事物」。

宗吾郎——他把需求和欲望加以區分了呢。

老師——需求譯自法文的besoin，欲望則是désir。désir也有人翻成渴望。其對象是絕不會獲得滿足般、受到無止盡追求的事物。

絕對得不到的東西

哲夫——就是他者嗎？

老師——嗯。所以，他者無法被擁有。如同《整體與無限》書名所象徵的，**他者**

是絕對無法被整體回收的無限存在。因為列維納斯敵視所謂的整體性。

今日子——整體性是指極權主義嗎？

老師——這裡所說的是一種更為廣泛的價值觀。

宗吾郎——只是，其中必然參雜著他遭受納粹迫害的經歷所影響的部分吧。

老師——我想這部分是有的。說得更詳細一點，整體性意指承自柏拉圖的黑格爾或胡賽爾（Edmund Husserl）的西洋哲學傳統。其立場是認知世界整體後，根據不同概念賦予意義，並據此形成將一切徹底納入單一價值根源的主體，進而詮釋「自我」。所以並非直接指涉納粹的極權主義，不過確實有部分重疊。

哲夫——而他所說的「無限」是指他者囉？

老師——是的。我來介紹一下列維納斯所講述的絕對性他者的存在吧。**「唯有絕對且陌生的何者，才能教會我們什麼。**對我們來說，能夠成為絕對且陌生的也只有人。因為只有人才會抵抗所有類型學、所有種類、所有性格學與一切分類。因此即便『認知』的目標是人，該認知最終也將逐漸深入直觸對象的彼端。那才是他者的陌生性，唯有他者的自由，不做他想」。

哲夫——他者的陌生性啊……

老師——是的，稱為超越整體性的「異」。剛才我們談過所謂的需求和欲望，由於是永遠相異的存在，所以才會無止盡地追求。

今日子——無止盡追求的欲望，聽來好像戀愛喔。

老師——列維納斯也提出相同的比喻。例如，食慾是只要把麵包放入口中就能獲得滿足。但是想把戀人放入口中，那是辦不到的。接吻或愛撫，都是想要吃的情緒使然。手的愛撫也是一樣。無論如何撫摸都無法滿足欲望。愛撫是「與逐漸溜走的什麼之間的嬉戲」。列維納斯是這麼說的。

宗吾郎——他者的身體是絕對無法擁有的。

專注凝視面孔的話……

老師——最能象徵那無法擁有的他者的存在，就是「面孔」。

哲夫——面孔是指這張臉嗎？

老師——嗯，就是這張臉。畢竟每個人的面孔都不同。面孔就是他者的展現。而

面孔與他者

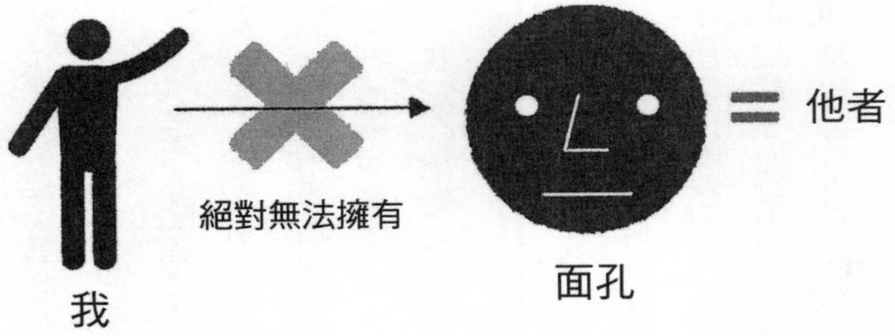

象徵他者的正是每個人的「面孔」
而他者是絕對無法擁有的東西

且並非泛指一般面孔，而是當下所面對的面孔。也就是說，並非面孔在世上展現，而是他者在面孔中展現。

今日子——這我能了解。我敢吃生魚片，但是帶頭帶尾的就不行了。

哲夫——啊？

今日子——我是說，我不敢吃有臉的魚啦。

哲夫——為什麼？

今日子——因為覺得好像被盯著看。

哲夫——被魚盯著看？

今日子——嗯。

老師——真的就是如此。我不確定魚是怎麼樣，但至少人的臉，尤其眼睛能夠彰顯個性。每個人都不同。好比通緝海報的照片，不管臉的變化再大，只要眼睛沒變，就能立刻認出來吧。

宗吾郎——沒錯。從眼睛就能感受到生命力呢。

老師——有人說，士兵看著對手的眼睛便下不了手。即使是戰爭，在意識清楚的正常情況下，照理說無論如何都無法開槍殺人吧。所以，只好把對方當成沒有生命的物品。不過在認知面孔的瞬間，那物品就會變成他者了。

哲夫——他者的象徵呀……

老師——我來介紹幾個列維納斯談到面孔的部分吧。「面孔拒絕成為人們所見的，反而更清晰地顯現眼前。意思是面孔不能被理解，就不可能被包含在所見之內」。又或「面孔拒絕擁有以及我的各種權能。面孔形於外的顯現為感覺性的，尚且能加以掌握，面對把持即忽然轉變為全面性抵抗」。

宗吾郎——所以面孔是很特別的存在囉。

老師——是的。而且根據列維納斯的說法，面孔還會讓我們記住羞恥。這種情況下的羞恥是指當平日我們假裝視而不見的自我本身暴露出來時，針對自我本身所感受到的無地自容之感。

哲夫——類似內心被看穿的感覺嗎？

老師——這個形容很好。真的像是被看穿似地自我內在遭到瓦解，在清空自我後不得不放棄繼續安於自我，只得追求超越自我。所謂的面孔，也可說是賦予我們無限責任的他者。而如此特殊的存在，就是會出現在我們的面前。

今日子——他者是從外在顯現的吧？

老師——嗯。是從外在而來，世界上並無他者。關於這一點，列維納斯是這麼說的：「在世界的組織中，他者等同於無。」

哲夫——意思是說，他者並非預先存在吧。

關於殺人

老師——不僅於此，他在這部分也暗示殺人是稀鬆平常的事。因為他者的終極擁有就是殺人。

宗吾郎——只要殺掉他者，就不再是有別於自我的其他人了……

倫理

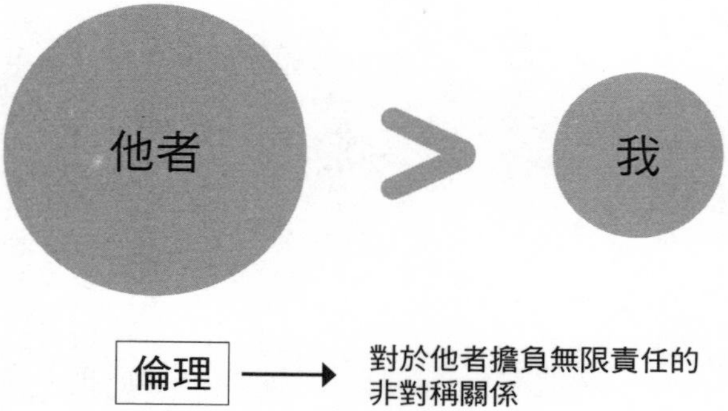

我憑藉他者才得以存在

老師——而能夠阻止這種情況發生的，唯有他者的面孔。列維納斯說，「此無限方為他者之面孔，為根源性的表現，也是『汝不可殺人』最初的詞彙」。

今日子——開始覺得他者的存在對我而言非常重要。

老師——以列維納斯的話來說，**他者的存在本身就是「倫理」**。換言之，和他者之間的關係性即為倫理，同時也讓我得以成為獨一無二的我。但這裡要注意的是，在此情況下的關係性既非相互的，也非對稱的。

哲夫——非對稱的？

老師——是的。一般所謂的倫理，是指自己和他者之間的對稱關係吧。同伴之間應該遵守的規範或規則。然而列維納斯的倫理，卻是面孔象徵的、對於他者所擔負的無限責任，所以會產生非對稱的關係。

宗吾郎——感覺不太公平呢。

老師——不過，因著與他者之間的非對稱關係，我們才得以存在。

今日子——比起存在，他者更為優先……好像跟一直以來的西洋哲學不太一樣。

老師——因為他對於從柏拉圖開始，歷經笛卡兒、黑格爾等人的西洋哲學被稱為整體性的形上學這一點提出譴責。或許在印象上有些不同，但正因如此，才對八〇年代以後的思想，特別是德希達（Jacques Derrida）等人的後現代哲學產生深遠影響。

認同與自己相異的存在

今日子——我現在湧起一股強烈的興趣呢。列維納斯的其他著作大概是什麼樣子呢？

老師——列維納斯的著作主要可分成三個時期。一個是以《從存在到存在者》（*Existence and Existents*）為代表，二次大戰剛結束的時期。他在這個時期揭示思想的原型。第二個是這堂課討論的主要著作《整體與無限》所代表的時期，也可說是系統期。第三個是重要性居次的著作《別於存有或超越本質》（*Otherwise than Being or Beyond Essence*）所代表的時期，也是達成某種轉向的時期。

哲夫——轉向？

老師——簡言之，光從形式面來看，文體也和以往不同，成為如同箴言的積累。重要的內容方面，最大的轉變應該是重新檢視主體概念的部分。我們來看看列維納斯的形容吧。「主體性是位於『同』的『異』。不過，並非猶如對話者和平共存、雙方達成協議般的顯現。所謂位於『同』的『異』的主體性，是受到『異』所挑動的『同』的動搖。」大家覺得如何呢？

哲夫——主體性是位於「同」的「異」？

老師——也就是**在納入他者的同時，一邊身為「我」的狀態**。在此，「我」接受他者才總算出現可能性。不過，他者必定是與「我」相異的存在。這是列維納斯思想最大的重點。

今日子——所以，理解他人首先必須從認同他者是和自己完全相異的存在開始。

老師——是啊。因為人總是認為他人和自己一樣，免不了將自己的意見強加於他人身上，或是不懂得尊重他人的心情或存在。我想，今日子大概也察覺到這個重要的道理了。

※參考書目

《整體與無限》（上、下）（熊野純彥譯，岩波書店）
《整體與無限：論外在性》（合田正人譯，國文社）

超譯《整體與無限》名句

「無限不可能遭整體性吞噬，
即便如此仍應將之視為根源性的，加以重視。」

「面孔絕對無法被理解。
換句話說，也就是不可能被包含在內。」

「他者的面孔才是無限，是根源性的顯現，
也是所謂『汝不可殺人』最初的詞彙。」

其人其事

伊曼紐爾．列維納斯

Emmanuel Levinas（1905～1995）

生於立陶宛的法國猶太裔哲學家。曾因猶太人的身分遭到俘虜，卻奇蹟似地生還。他根據猶太教的相關研究展開「他者」與「存在」等命題的思索，並對貫穿西洋哲學的「整體性」形上學提出批判。著有《整體與無限》、《從存在到存在者》（*Existence and Existents*）、《別於存在或超越本質》等書。

給對列維納斯有興趣的你

推薦書單

《超越存在：在本質之外》

朝日出版社｜列維納斯著｜合田正人譯

列維納斯重要性名列第二的主要著作

《列維納斯：從無起源的思考》

講談社選書 METIER｜齋藤慶典著

詳盡分析列維納斯的思想

《列維納斯入門》

筑摩新書｜熊野純彥著

關於列維納斯思想整體的入門書

※台灣相關出版品

賴俊雄著，《列維納斯與文學》，書林，2010。

賴俊雄著，《他者哲學：回歸列維納斯》，麥田，2009。

LESSON 10
為什麼必須愛惜身體？

梅洛—龐蒂
《知覺現象學》

Maurice Merleau-Ponty
Phenomenology of Perception

關於身體的哲學

老師——今天要討論的是梅洛─龐蒂的主要著作《知覺現象學》。他可說是首位以真正的哲學角度探討身體的人物。大家都知道梅洛─龐蒂這個人嗎？

今日子——他是沙特的朋友吧？

老師——正確來說，應該是「曾經是朋友」。他們一同參與過雜誌編輯，但是後來好像鬧翻了。相較於嚴肅認真的梅洛─龐蒂，沙特卻是專門突破既定框架。兩人本來就像是水和油一般格格不入。不過，過去惺惺相惜的兩人到了晚年，又重新展開交流。

哲夫——他是嫉妒當時的明星沙特嗎？

老師——我倒不認為他是那種人。那麼，差不多該進入正題囉。首先，全書是由前言、序論、本論三個部分所組成。前言闡述他的現象學觀點，序論則是批判知覺相關的哲學與心理學的研究方法，同時揭示所有一切都必須在「現象場」(phenomenal field）中加以研究的方法論立場。

哲夫——現象場？

老師——這是以科學為前提，不同於客觀的時間與空間觀點的「場域」概念，根據這樣的假想，各個主體都被視為一個固有的「場域」。在第一部「身體」中，焦點放在知覺身體。第二部「被感知的世界」，研究的是被感知的對象如何被賦予。第三部「自在存在和在世存在」中，主題則是探討如何逐漸超越笛卡兒被近代哲學視為原理的「我思故我在」的這個概念。

今日子——由於近代始終以意識為核心進行思考，所以他才會嘗試將目光轉向身體吧？

老師——今日子真是聞一知十呀！簡單來說就是如此。他在這本龐大的著作中，描繪出人類將身體定位成世界中的一點，由此感知「在世界中存在」的樣態。他也呈現出如何根據現象學方法徹底研究上述的人類樣態。

宗吾郎——不過，先前所說的**現象學**又是怎麼一回事呢？

老師——那是由德國哲學家胡塞爾（Edmund Husserl）集大成的哲學潮流之一。梅洛—龐蒂對胡塞爾的現象學有相當程度的研究。據他所言，現象學的目標是回歸在我們的意識思考或反省，以及科學研究或哲學思索開展前，**已存乎於此的熟悉**

世界。不過，這和胡塞爾的現象學有些許出入。

今日子——有什麼不同呢？

老師——胡塞爾主張，為了摒除對於世界所有先入為主的觀念，應當擱置判斷*。這稱作「現象學的還原」。他認為，這是拋棄我們對於世界所懷抱的「根源性臆見（臆測而生的意見）」。但梅洛-龐蒂表示，那只不過是這個過於不證自明的世界反而讓人難以察覺的緣故，為了更明確察覺這個世界，而暫時後退一步觀照這個世界罷了。

今日子——可是真的能做到從這個世界後退一步嗎？

老師——大概不容易吧。梅洛-龐蒂說**這樣的現象學類似於藝術**。像繪畫或文學等藝術活動，是企圖將知覺在腦中拼湊出的世界表現在畫布或書本上使其定型的努力。同樣的，現象學的研究也是企圖將知覺在腦中拼湊出的世界，藉由論述表現出來的努力。他是這麼形容的，「現象學的世界，並非理應領頭的某種存在的形象化，而是存在的創設；哲學並非理應領頭的某種真理的反映，而是與藝術同樣是真理的實現」。

哲夫——哲學竟然會和藝術一樣，還真讓人意外。我原本覺得應該是跟科學比較像呢。

用右手觸碰右手？

老師——因為他將自己的現象學定位在與法國文豪巴爾札克（Honoré de Balzac）和著名畫家塞尚（Paul Cézanne）的作品同等地位。藝術方面就先說到這裡，我們將主題轉到和身體之間的關係吧。如同一開始提到的，梅洛–龐蒂將興趣完全投注在身體上。他希望藉由身體的現象學研究，超越笛卡兒的精神與物質二元論。大家還記得第二堂課介紹過的心物二元論嗎？

今日子——存在物是以物的形式存在，或根據意識存在。

老師——沒錯。但是根據梅洛–龐蒂的主張，自己的身體經驗並非諸如此類的物或意識，亦即有些東西是並非精神也非物質的「雙義性存在的形成」。所以，他

＊意指若無法或難以達到真理，為免判斷錯誤，寧可保留判斷的哲學思考模式。

想要揭示這種身體的獨特存在的形成。

宗吾郎——他是根據哪一點指稱只有身體是特殊的存在呢？

老師——**因為人類是藉由身體感知**。而身體的某部分對我們而言永遠無法感知，我們一般無法將自己的身體視為他物加以自由觀察。

今日子——意思是我們看不到自己的臉嗎？

老師——比喻成看不到自己的臉，還滿容易了解的。不過，不只如此喔。觸摸手這件事情也一樣。梅洛-龐蒂表示，「我的右手在觸摸某種對象的同時，即使我能以左手觸碰那隻右手，只要我的右手是對象，就不只是觸碰他物的右手」。

哲夫——這是說，人類所感知的世界必定有無法感知的部分吧。

老師——是的。這會逐漸和雙義性存在的形成有所關聯。換言之，我擁有身體而生活，就是我潛意識所進行的豐富的身體生活，支撐著我的意識生活。如此一來，這碰巧和我絕對無法自由觀看自己的身體一樣，**我絕對無法自由地以意識詮釋自己身體在下意識所進行的活動**。

身體圖式

透過身體感知某物時，
那種感覺或運動會被變換、翻譯成具有意義的物品

我所不察的自身生活

宗吾郎——意思是我的生活中有我不知道的部分囉？

老師——嗯。根據梅洛—龐蒂所言，我的生活是「有時才覺得是身體性的，有時卻又回歸成個人行為的往返運動」。也就是說，我的生活總是擺動於意識的、人稱的與人格的生活，與其下我的身體主掌的非人稱的、無名與一般性默契的生活之間。

哲夫——好像有種生活以身體為中心打轉的感覺耶。

老師——是的。身體所擔負的功能相當重要喔。梅洛-龐蒂表示身體擁有一種功能，能將各種感覺或運動相互連結，讓某種意義或構造從中浮現。他將身體的這種功能稱為「身體圖式」(body image)。亦即身體能夠馬上將感覺轉換成肌肉運動，也能立即將某身體部位的肌肉運動翻譯給其他身體部位的肌肉運動，又或瞬間讓某種感覺與其他感覺相互交流。

今日子——這種功能有什麼作用呢？

老師——妳問到重點了。這並非單純闡述肌肉運動的機制，**多虧此種身體圖式，人類才能在世界中流暢地進行感知或有所行動**。比方說，想要模仿他人的行為時，就能直接將對方的相關視覺上的感受，翻譯成自己身體的姿勢或運動。或者根據多數觀點逐一感知某物時，觀看此物的我的身體，就能根據身體圖式將各種觀點變換、翻譯成其他不同觀點，同時將這些觀點相互連結，綜合成為對於單一之物的知覺。

哲夫——不過，到底為什麼能做到這樣呢？

老師——這個嘛，以梅洛-龐蒂常用的詞彙來說，這種感覺或運動為超越各種要素內容的「完形」(Gestalt)，亦即以形態的特性、結構加以詮釋。換言之，是在身體圖式中，藉由將各種感覺或運動置於等價關係，凸顯出其共通的單一完形或意義。

宗吾郎——身體圖式所進行的就是這層含義的構築呀。

老師——正是如此。梅洛—龐蒂表示，知覺的行為本身，是在腦中凸顯出完形（形態）或結構或意義的活動，不過那也只是其中的一個面向。像這樣整合知覺的各個面向，就成了身體圖式的作用。

「到頭來，我的身體就是一種『形態』，在此前提下那片未分化之地得以逐漸浮現出優越性圖形，必然也是因著我的身體根據不同任務受到區分，因著我的身體朝不同任務邁進的同時存在著，因著我的身體為達成本身目的而凝縮自我本身；「身體圖式」可說是表現出我的身體為世界內部存在的一種形式」。

今日子——**正因為是圖式，感覺好像畫圖喔。**

老師——這麼說來，又要提到藝術了。不過梅洛—龐蒂也是這麼說的，「得以比較身體的並非相對於物理對象，應該說是相對於創作」。一幅畫作是藉由塗抹於畫布上的顏料顯現於外，同時也深入顏料之中。那是彙整成將那畫布稱作繪畫的「不可分的個體」，而一切事實上也藉由畫布上的所有色彩和畫筆的移動過程中受到認知。

哲夫——這個身體圖式所描繪的，跟我們在腦海中想像的是一致的嗎？

老師——不。身體在世界中行為之際，使之浮現的也就是梅洛–龐蒂所說的形態的完形，在很多情況下都屬於潛意識領域。身體圖式所顯示的多數完形，都是從身為個體的我誕生之前的遺傳性繼承，意味著「我的存在是個人以前的某種傳統的反覆」。

宗吾郎——這是自己都沒察覺到的部分吧？

老師——是的。這被稱作只有身體才知道的「默然的，抑或是沉默的知識」。即便剛開始是意識的行為，身體圖式一旦獲得該行為的完形，**此後就會形成行為習慣化，轉而在潛意識中進行**。這稱為身體的「沉澱作用」。「我習慣的世界中的存在」則根據此等沉澱作用受到形塑。

今日子——**身體會在意識未察覺時有所行動**，真是不可思議……

老師——這裡以幻肢為例加以思考，應該就能理解。幻肢現象中，遭截肢的人具有在喪失肢體的現實中不可能出現的疼痛或搔癢感。梅洛–龐蒂表示，這是人類身體在潛意識中發揮「根據一般樣態，成為一種非人稱的存在」功能所產生的症狀。換言之，人類是在一般所謂的健全的、非人稱的習慣身體，所採取眾多潛意識習慣行為的支撐下生活。

哲夫——骨折的時候就會這樣耶。右手明明不能動，還是會想用那隻手搔頭。

老師——就是那種感覺。即便某特定的個人遭到截肢，對於那個人而言，在這個非人稱的習慣身體的身體圖式不再有效後，仍會企圖仰賴此一般性的身體圖式生活。因此才會產生幻肢現象。有趣的是，梅洛–龐蒂從這一點與佛洛伊德產生了連結。

梅洛—龐蒂與佛洛伊德

宗吾郎——是那位有精神分析之父之稱的佛洛伊德嗎？他的《夢的解析》很有名呢。

老師——正是。梅洛–龐蒂表示，佛洛伊德藉由對於精神病理學的見解，釐清人類的意識生活與身體的匿名生活之間的關聯。舉例來說，歇斯底里患者的症狀表現出來的，並非患者針對某種狀況意識性地根據本身責任所做出的反應，取而代之的是完全委由身體掌握的潛意識生活的部分，將對於狀況的不滿或怒氣，以這個身體的病狀潛意識地加以發揮。若套用幻肢的例子，會是什麼情況呢？

今日子——也就是說，因為不願承認手足被截斷，所以下意識地以幻肢的形式表現出來囉？

老師——是的。只要人類在身體層面過著非人稱的生活，就能放棄意識的存在，將身體當作「人生的藏匿處」，將自己封閉在那種無名的生活中。

哲夫——這樣聽下來，身體感覺頗為負面。而且是某種病態意識的藏匿處。

老師——當然不只這樣。相反的，身體才是讓我對世界開放，在世界中面對各種狀況，以人的姿態生活成為可能的基礎，同時也是根本。之前提過的身體圖式構成完形的概念，就是明證。因為在那當下，我們的身體正和世界互相呼應。梅洛－龐蒂表示，「我們的感官詢問外物，而外物回答感官」。所謂的感官，在此泛指所有感覺器官。

宗吾郎——**身體與世界互相呼應**，這是很有意思的想法呢。

老師——是啊。他更直接了當地說，「一切知覺是一種交會或者結合，我們的身體和外物可說是已然成對」。還有，語言從而逐漸成立。

做為溝通的身體

正因我和他者具有相同構造的身體，
方能理解對方，得以溝通意志

哲夫——我似乎慢慢能夠理解語言是一種身體機能的道理。因為不動嘴巴與喉嚨，就沒辦法說話呀。

老師——身體只要一面對世界，便根據身體圖式進行整體的知覺性、運動性的對應，其中之一，就是人類的身體會發出聲音來。好比身體圖式在知覺或運動中，會企圖凸顯出一定的完形或意義般，利用身體圖式呼應世界的身體，所發出的聲音也必定擁有一定的完形或意義，像這樣被加以構造化後的聲音，就是語言。

今日子——所以**身體是溝通的一部分**囉。

老師——這是非常重要的一點。正是身體的一般性、無名性讓理解他者，或與他者的意志溝通成為可能。換句話說，他者的身體與我的身體具有相同構造，他者等同於第二個自己，因而得以彼此了解。梅洛－龐蒂表示，「我的身體彷彿在他者的身體中，自身意圖的奇蹟似延伸，即**發掘出因應世界的熟悉樣式**」。像這樣，我的身體與他者身體藉由身體圖式彙整後，得以共同擁有同一意義，我們稱之為「意志溝通」。

宗吾郎——這個人主張任何一切藉由身體就會成為可能呢。

老師——真的是這樣。附帶一提，自由也是如此。第三部正是展開相關論述。

哲夫——咦，憑藉身體能夠獲得自由？我孩提時就是因為個子矮，才會放棄當個籃球選手耶。

老師——身體確實也有制約自由的那一面。不過，讓自由成為可能的也是身體。因為我們的身體圖式能夠編織出無限多樣的意義。人與某人相遇時往往全然融入身體所帶來的事實情況之中，不過也能藉由主動接受這樣的情況，來「重新審視己身過往、予以變形，徹底改變其意」。

今日子——這個部分很有存在主義的味道呢。

老師——唔。下面這段話，也相當存在主義。「我生命的相關選擇，往往奠基於某種給予之上。我的自由雖然讓我的生命偏離其自然意義，然而那也是在承擔那樣的意義之後，藉由一連串天翻地覆的轉移才形成，絕非藉由絕對性創造而形成」。

哲夫——我要更珍惜自己的身體。最近有點操勞過度了……

老師——你察覺到非常重要的事情。讓梅洛—龐蒂來說的話，「**我就是我的身體**」。意即**身體就是一切**。所以在某種意義上，這也超越了以「我思故我在」這種自我意識為思考核心的近代哲學原理。

※參考書目

《知覺現象學》（中島盛夫譯，法政大學出版局）

《知覺現象學》全兩冊（竹內芳郎等人譯，美鈴書房）

超譯《知覺現象學》名句

「所謂的現象學為存在之創造，
所謂的哲學為真理之實現。」

「我們的感官詢問外物，
而外物回答感官。」

「我的身體是透過他者身體與世界相互連結。」

其人其事

莫里斯・梅洛—龐蒂

Maurice Merleau-Ponty（1908～1961）

法國當代哲學家。以胡塞爾的現象學為基礎，率先將「身體」正式做為哲學主題，提倡非人稱的行為的「身體圖式」及構成世界的「肉」等獨特概念。曾與巴黎高等師範學校的同窗沙特等人參與反納粹活動，其後分道揚鑣。曾任法蘭西學院教授。著有《知覺現象學》、《行為的結構》（*The Structure of Behavior*）、《可見與不可見》（*The Visible and the Invisible*）等書。

給對梅洛—龐蒂有興趣的你

推薦書單

《行為的結構》

美鈴書房｜梅洛—龐蒂著｜瀧浦靜雄等人譯

梅洛—龐蒂的最初著作也是思想原點

《可見與不可見》

美鈴書房｜梅洛—龐蒂著｜瀧浦靜雄等人譯

梅洛—龐蒂批判自身立場的遺稿

《梅洛—龐蒂入門》

筑摩新書｜船木亨著

有關梅洛—龐蒂整體思想的入門書

※台灣相關出版品

梅洛—龐蒂著，龔卓軍譯，《身體現象學大師梅洛龐蒂的最後書寫：眼與心》，典藏藝術家庭，2007。

LESSON 11
討厭受人操控該怎麼辦？

傅柯
《監獄的誕生》

Michel Foucault
Discipline and Punish: The Birth of Prison

本身煩惱是思考哲學的契機

老師——我們今天來讀傅柯的作品吧。他是個很有意思的人。傅柯生於一九二六年，成績優秀又喜歡念書，不過身為同性戀者，讓他在自身所抱持的煩惱折磨下，渡過精神不穩定的青年期。或許正因為如此，他起初取得了心理學學位，以心理學研究做為鑽研學問的起點。

哲夫——會投入哲學的人，自身也都有什麼煩惱吧。

老師——思考自身的煩惱確實會成為一種契機。在那之後，傅柯以空前的速度進入大學任教，逐漸累積學界聲望。在著作《詞與物》（*The Order of Things*）成為暢銷書後，更使得傅柯一躍成為閃亮之星。他於一九七〇年，四十四歲時被任命為法國最有權威的學術體系、法蘭西學院的教授，其後也積極投入政治活動。

今日子——跟之前登場的沙特很像呢。

老師——只不過，傅柯的政治活動並非在宣揚政治意識型態的大前題下進行，他始終是以專家的角色投入個別問題。或許多虧如此，他才得以根據不同問題的情況，與各界知識分子共同奮戰。大概也是在這時候，他為了因應改善監獄政治犯處境的聲浪，創立與其著作《規訓與懲罰：監獄的誕生》相互關聯的「監獄信息組」(Prison Information Group, PIG)。

宗吾郎——那是他的主要著作嗎？

老師——就政治思想這層意義來說，算是主要著作。他的思想發展可分為三個階段。從第一階段到《臨床醫學的誕生》為止的要點是，被視為非理性而遭到社會排斥的人們，事實上並非本質的非理性之故，只是經過「篩檢」後認定他們對於近代社會的運作方便與否罷了。換言之，對於當代權力而言，方便的人就被視為理性的，不方便的人就被視為非理性的，僅此而已。

什麼是權力？

哲夫——他所說的現在也都一樣呢。

老師——對此，傅柯在以《詞與物》為主要著作的第二階段所論證的事實是，只要社會構築在對於權力者而言方便的理性之上，歷史或該時代的真理就不能稱為絕對性的。而在不確定的年代中徬徨的人們，其主體性到了第三階段終於受到撼動。如同《規訓與懲罰》闡述的，我們一直以來視為人類特權所深信不疑的主體性，**事實上已在無形的權力監控下，淪為遭受去勢、規格化的自我規律**。在當中運作的是，為換取生存保障而強化順從的「生之權力」。

今日子——所以，今天的主題是第三階段囉。不過，我覺得不管哪個時代，傅柯的訴求都會是同樣的。

老師——是什麼呢？

今日子——揭發權力的真相或抵抗權力吧。

老師——沒錯。如果要用一句話來表現傅柯的思想，大致就是如此。第三階段相當於集大成的部分，正好適合我們討論。那麼，我們趕緊來看看《規訓與懲罰》吧。傅柯開宗明義提出一個問題：針對曾於十八世紀施行的將身體四分五裂等殘酷刑罰，到了近代完全銷聲匿跡的疑問。

哲夫——不再分割了嗎？

老師——不再分割身體沒錯。但是卻變成分割時間。傅柯舉出「巴黎少年感化院的相關規則」中，以分鐘為單位嚴格的作息時間表。那已經不再是折磨受刑人的身體，而是封鎖他們的身體，剝奪其自由的刑罰型態。

宗吾郎——那的確是很大的轉變。不過，那是因為人類受到啟蒙的緣故，或者變得不再那麼原始了呢？

老師——一般會覺得變人道了，傅柯的看法可沒那麼單純有情調。傅柯**否定將社會制度或習慣行為的發展視為單純過程的進步史觀**。他表示刑罰制度並非進步，那終究是刑罰型態的變化，**出現其他種類的權力科技罷了**。

今日子——意思是不再對身體動刑囉。

老師——這麼看也行得通。亦即，刑罰的對象從身體轉移至精神。儘管刑罰經過改革，以傅柯的話來說，就會變成「並非更少的處罰，而是更好的處罰」。

哲夫——更有效率嗎？

老師——用「更有效果」會比較好。為此，專家所扮演的角色就逐漸變得重要起來，他們會進入犯罪者的精神層面，判斷其心靈、思考、意志或素質等各方面是正常或異常。

宗吾郎——如此一來，就沒必要囚禁身體了。

老師——倒也不是這樣。原本以人道主義立場出發去改革刑罰制度的人們最初的構想是，為了防止再犯，必須讓受刑人和整體社會了解刑罰的公共的道德觀念。然而監獄制度的實際運作，卻成為創造出以身體為直接對象的「服從主體」的監禁、矯正裝置。

今日子——**管理身體的意義慢慢改變了呢。**

關於新的權力

老師——是的。傅柯表示，「即使在採用監禁或矯正等『穩健』手段的情況下，會引發問題的往往是身體」。和對精神產生作用的權力相同，在此也形成了一種對身體產生作用的「微視權力」。

哲夫——那是一**種新的權力**嗎？

老師——是新的呢。因此，傅柯相當重視專家與其發揮科學知識的角色。專家們是集精神醫學、犯罪學，還有心理學或教育學等所有知識動員，進行犯罪者的精神分析。然後從中拉出一條分隔正常與異常的界線，做出關於個人的評價、診斷、預後或規範等判斷。

宗吾郎——這方面也有新的學問嗎？

老師——沒錯。那就是各種人文科學，以人為主題，研究其行動或心理的學問。研究者會根據行動或心理的相關標準定義異常與否，並進行個人分析。

今日子——我覺得挺意外的。畢竟「知識」都有一種對抗權力的印象。

老師——一般是如此。不過對傅柯來說，兩者是相互影響的。根據這樣的合作，對於個人的身體和精神產生權力作用。這就是傅柯獨創的「權力／知識」觀點（權力觀）。

宗吾郎——那個知識的對象就是監獄囉。

老師——是的。**監獄**系統在闡明近代的社會權力科技方面，成為主要的分析對象。因為從中得以發現傅柯名為「規律與訓練」的新型權力。當然規律與訓練的對象是人的身體。好比把人套進一定的模型裡，藉此改變、規格化，並訓練人的身體動作。也可以說是「身體的政治技術」。

哲夫——有那些訓練呢？

規律與訓練的 4 種方式

身體的政治技術

① 分配的技術

② 活動的控制

③ 階段性形成的編制

④ 各種力量的組合

藉由改變身體創造適合社會的人類

老師——傅柯以士兵為例。十七世紀初期，擁有適合成為士兵的身體特徵的人，被視為理想士兵。但到了十八世紀後半，那些身體特徵逐漸不再受到重視。因為那個時候開始能夠矯正身體，打造出理想士兵的體格。

今日子——改造成適合當時社會的身體……

老師——是的。規律與訓練是「將達成運用身體的嚴密管理成為可能，堅定體力的恆常束縛，強制體力的順從＝效用」的方法。進一步解釋的話，他說實際上有四種方式。

哲夫——規律與訓練的方法嗎？

老師——是的。第一種是將每個人分配到封閉、獨房空間，根據「一覽表」將整體組織化（分配的技術）；第二種是將身體行動進行時間的細分化，將各種行動進行嚴密的形式化（活動的控制）；第三種是將晉級過程分成不同階段或系統，並據此賦予適當訓練（階段性形成的編制）；第四種是組合關於身體的各項要素，將其視為零件，組入單一複合性的權力裝置（各種力量的組合）。

宗吾郎——還真的是一門科技呢。

老師——透過這樣的科技，才能對身體細部發揮詳盡的作用。那也將施予個人的「規訓」，視為本質功能。

哲夫——什麼是規訓？

老師——譯自法文dresser，原本是訓練的意思；直接翻譯的話，語感又有些不同吧。藉由施予這樣的規訓，人類逐漸被打造成現代的個人，權力行使的客體。

今日子——但所做的事情就是訓練吧？

老師——像是「層級監視」、「規範化裁決」、「考試」。

哲夫——考試？

老師——沒錯。傅柯表示，所謂的考試是與某種知識的形成以及權力行使的形式密切連結的規訓手段。換言之，就是對身體灌輸以知識形式學習到的內容，相反地也是將身體層面學習到的內容化為知識形式，予以普遍化。

監視攝影？防止犯罪攝影？

宗吾郎——所以不僅要對身體發揮作用，也必須以知識的形式發揮作用呢。

老師——沒錯。考試在這方面就是一種有效的手法。接受考試的個人，會因為考試被賦予資格、評定等級，或是被否定資格的強制手段所處罰。個人因此會在更為匿名化的權力之下，反而變得可視化，並且淪為紀錄文件的對象、紀錄製作中的某一事例。

今日子——這樣就能了解定期舉行考試的學校為什麼會變成訓練的場所了。

老師——以傅柯的話來說，「學校是一種不中斷的考試裝置」。

宗吾郎——關於監視，有什麼特別的方法嗎？

老師——Panopticon。

全景敞式建築

從中央位置的監視塔能夠看見獨立房，
而從獨立房看不到中央

今日子——邊沁的那個？

哲夫——哪個？

今日子——英國功利主義思想家邊沁（Jeremy Bentham）啦。他設計的監獄概念panopticon，翻譯過來就是「全景敞視建築」（圓形監獄）。

老師——是那個Panopticon沒錯。「全景敞視建築，是一種分割『觀看＝被觀看』這種相對概念的機械機關。在那個圓環狀建築內部的人會被一覽無遺，卻絕對看不見對方，而位於中央位置的人能夠觀看一切，卻絕不會被觀看」。在這個設施的中央建有監視塔，周圍圓環建築物內設有獨立房。每間獨立房有兩扇窗戶，一扇在外側，另一扇在內側，如此一來從監視塔得以觀看內側，從獨立房卻看不到監視塔。傅柯就是注意到這樣的設計。

哲夫——這又為什麼會引起傅柯的注意呢？

老師——因為此處的監視者與被監視者之間，存在著視線的不平衡。而這樣的不平衡正是權力的象徵。

宗吾郎——這是一方完全順服另一方的構圖呢。

老師——全景敞視建築的情況意味著，囚犯意識到隨時被監視的可能性，於是自動成為順從的「從屬主體」。權力在此透過囚犯個人而深入內化。**權力被「消滅個人化」後，逐漸成為匿名性**，並且得以發揮更為巧妙細緻的效果。

今日子——我慢慢懂了。所以傅柯想說的是，全景敞視建築原理所顯示的規律與訓練權力作用不限於監獄制度，更擴及近代社會的各個角落囉。

老師——相當樣敏銳呢。傅柯表示，**該原理已擴及到我們社會的各種制度之中**，像是學校、工廠、職場、醫院、軍隊等，**發揮和監獄同樣的效果**。這對社會秩序的形成與維持而言，已然扮演無法忽視的重要角色。

宗吾郎——像這樣的規律與訓練不僅止於個人的「身體」，同時也貫穿社會體，造成「規律與訓練社會」的出現……

今日子——這樣說來，監視攝影機也和全景敞視建築有相同的效果呢。即使實際上沒有攝影機，只要看到「設有監視器」幾個字，就會覺得有人正在看著自己。然後，表現得特別行禮如儀。

哲夫——的確有這種感覺。那我們不就跟犯人一樣了？

老師——所以監視攝影機的設置不單是隱私問題，在權力關係方面也受到外界議論。

哲夫——我想問個簡單的問題。監獄真的已經成了規律與訓練的場所嗎？聽說出獄後的再犯率很高。傅柯所說的難道沒有錯誤的可能？

老師——原來如此。這是個很好的問題呢。直接了當地說，傅柯早已將這一點納入他的理論當中。

哲夫——所以出現累犯也沒關係囉？

老師——當然如果所有人都再犯那就傷腦筋了。只是多少還是需要累犯者。傅柯表示，「我們或許不該因此認定監獄在減少犯罪這方面是失敗的，而是提出此等假設：監獄已成功創造出在政治或經濟上危害更少的不良行為，但極端情況下能加以運用」。

今日子——「能加以運用的不良行為」，該不會是指間諜吧。

哲夫——今日子，妳電影看太多了吧？

老師——不，間諜也是如此。

哲夫——咦，是嗎？

老師——簡單來說，泛指權力機構不能公開承認的非正式工作。**權力才得以將監控範圍擴及至法律層面無法查緝的部分。**

哲夫——好深奧。不對，是好恐怖啊。

對無形的權力有所覺

老師——以上就是傅柯《規訓與懲罰》中的權力論，此後他的權力論也以各種不同形式展現在世人面前。想要稍微一探究竟的話，他在名為《知識的意志》的作品中，以性為主題基礎，描繪了所謂「主體行使權力」欲望滿足的樣貌。此外，亦揭露在以舒適生活為目的的現代福利社會背後，其實潛藏了死亡的原理。相對於賜死的權力，被稱為賜生的權力，也就是「生命權力」。

今日子——監獄的規訓權力和「生命權力」又有什麼樣的關係呢？

老師——並不能說「生命權力」能夠取代規訓權力，兩者在社會中是相互交疊的。規律權力所假設的社會，個人是被配置空間與監控的。相對的，「生命權力」則是將人視為集合體，加以管理統治。

宗吾郎——我們的社會好像到處都被權力綁得死死的。

哲夫——被人操縱在手中還真討厭。

老師——若能對此有所自覺，我想也不見得只有被權力壓制的份喔。最重要的是，**要對無形的權力有所自覺，還有該抵抗的時候就要抵抗**。就像傅柯一直以來的行事風格。

※參考書目

《規訓與懲罰：監獄的誕生》（田村俶譯，新潮社）

超譯《規訓與懲罰：監獄的誕生》名句

「規訓與訓練是藉由對身體作用，據此強制順從。」

「所謂的學校，是在整個學期持續發揮教育作用的不間斷的考試裝置。」

「『全景敞視建築』藉由讓被監控者看不見監控者，創造出無形的權力。」

其人其事

米歇爾・傅柯 Michel Foucault（1926～1984）

法國現代思想家，法蘭西學院教授。雖然持續為同性戀的身分所苦，卻始終堅持分析權力結構，並予以批判。他曾提出如「瘋狂不過是權力的產物」、「權力會逐漸將規訓內化於人們心中」等指責。著有《規訓與懲罰：監獄的誕生》、《詞與物》、《知識考古學》（*The Archaeology of knowledge*）等書。

給對傅柯有興趣的你

推薦書單

《詞與物》

新潮社｜傅柯著｜渡邊一民譯
傅柯的歷史分析書籍

《知識考古學》

河出書房新社｜傅柯著｜中村雄二郎譯
成為傅柯思想轉向點的書籍

《傅柯入門》

筑摩新書｜中山元著
有關傅柯整體思想的入門書

※台灣相關出版品

Alain Brossat著，羅惠珍譯，《傅柯：危險哲學家》，麥田，2013。
費德希克・格霍著，何乏筆、龔卓軍、楊凱麟譯，《傅柯考》，麥田，2006。
傅柯著，鄭義愷譯，《傅柯說真話》，群學，2005。
吉勒・德勒茲著，楊凱麟譯，《德勒茲論傅柯》，麥田，2000。
傅柯著，劉北成等譯，《瘋顛與文明》，桂冠，1992。

LESSON 12

如何才能每天神采奕奕地活著？

鄂蘭

《人的條件》

Hannah Arendt

The Human Condition

對生活方式提出建言的哲學書

老師——今天討論的是漢娜．鄂蘭的《人的條件》。

今日子——《極權主義的起源》（*The Origins of Totalitarianism*）應該是她的主要著作吧。

哲夫——極權主義是指納粹提倡的思想嗎？

老師——是的。鄂蘭是猶太人，雖然曾居住於德國，卻奇蹟似地逃過納粹的迫害，年輕時便流亡美國。之後，她詳細分析那樣的極權主義興起的成因，相關研究成果就是於二戰後不久發表的《極權主義的起源》。《人的條件》則是相隔七年之後寫成的作品。

宗吾郎——老師為什麼會選擇這本書呢？

老師——我來說明一下。《人的條件》所討論的核心為公共事物與自由，而極權主義正是缺乏上述意識所導致的結果。若以此為鑑，《人的條件》的內容可說是揭示了相關的思想原理。

今日子——所以，可以把它定位為《極權主義的起源》的原理解說書囉。

老師——沒錯。此外，我覺得這本書說不定會對宗吾郎有所助益。

宗吾郎——我？

老師——因為我們也可以將《人的條件》視為生活方式的建言。

宗吾郎——原來如此。確實可以做為我邁向人生第二個階段的參考呢。

工作與勞動是兩回事

老師——那我們就趕緊來看看吧。首先在第一章「人的條件」的開頭，鄂蘭論及人類的三種基本活動為勞動（labor）、工作（work）與行動（action）。

哲夫——勞動與工作不同嗎？

老師——那只是鄂蘭的分類。她表示，**勞動是「與人體的生物過程對應的活動」**。亦即**產出被視為生存必需品的活動**。因此，勞動之於人的條件就是生命本身。

宗吾郎——這給人一種身體勞動的印象耶。

老師——相對的，工作則是「與人類存在的非自然性對應的活動力」。非自然性聽起來好像很難，它代表的是無法被立即消費的事物。像是做為工作成果的「製成品」，家具、機械等。這些東西無法被立即消費，而是被使用的。因此，工作之於人的條件是「世界性」。

哲夫——世界性？

老師——以製成品為所有人使用的這層意義來說，有共同性之類的意思。而「行動」與上述兩者不同，其明顯特徵是「人與人之間直接交流的唯一活動」。好比和政治相關，但並非政治人物所進行的活動，而是市民討論等草根活動。

宗吾郎——這樣的行動很好，只是把工作與勞動區別開來，總覺得怪怪的。

老師——不過，鄂蘭也表示這樣的區分有其確切依據。那就是字源。無論是源自希臘文或拉丁文的英文、法文或德文，**這兩個詞彙都有不同的字源**。這是題外話，據說鄂蘭是從廚房和打字機獲得啟發。因為料理是勞動，而寫書是工作。

哲夫——原來如此。果然不一樣啊。

老師——而且行動存在著和上述兩者絕對性的差異，那就是以複數性為前提這點。無論是勞動或工作都能獨自一人進行，行動若無對象則難以成立。我們來看看她對於「行動」的解釋吧。「所謂的政治，意指在城邦中生活，而在城邦中生

人類的活動力

勞動	labor	產出被視為對生存而言必要的事物
工作	work	產出製成品
行動	action	與政治相關的事物

人類有 3 種基本的活動力

活，是指一切並非仰賴權力或暴力，而是憑藉語言與說服決定。」換言之，**政治的核心在於語言和說服，那才是鄂蘭所說的行動。**

宗吾郎——語言交談確實需要對象呢。

老師——她說，「之間（in-between）」是必要的。倘若沒有你我之間這樣的關係，語言也就沒有發揮作用的必要。那樣的話，對象不再是和自己不同的人，也不會擁有不同的想法或觀點。

今日子——畢竟政治需要的是和自己擁有不同看法的人嘛。也因此語言才會被需要。

哲夫——如果強行壓制呢？

今日子——不管再怎麼強行壓制，那就不是政治了呀。

老師——正是如此。鄂蘭表示，「光憑赤裸裸的暴力無法引發語言，在此理由之下，**僅有暴力不可能成就偉大**」。

哲夫——鄂蘭最重視的就是政治吧。

老師——至少可以說比起私人領域，她更重視公共領域。城邦的外部是私人領域的家庭（oikos）。城邦為活動場所的自由領域，家庭則是人基於生物觀點，為維持生命所必需從事勞動而受到束縛的場所。好比光明與黑暗呢。

今日子——鄂蘭自己說，**城邦是光明的，家庭是黑暗的**？

老師——她是這麼說的。換言之，政治是以語言對他人產生作用，從而自己是什麼樣的人得以被彰顯。相對的，私人領域則剝奪了上述表現自我的機會，也就是隱藏在公共領域光明之下的黑暗。順帶一提，英語意為「私人」的private，字源是拉丁文中帶有「欠缺」含義的privatus。

宗吾郎——不過，也不能因此不需要私領域吧？

老師——鄂蘭並沒有說得那麼極端，她反而認為兩者都是必要的。問題在於兩者混雜這一點。

今日子——老師，我還有一個地方不明白，是關於所謂「城邦為自由領域」中自由的意涵。我認為城邦既然是共同生活，就絕對不會自由呀。

老師——這是個好問題。的確鄂蘭在這部分所指稱的自由，並非一切都能隨心所欲的自由。而是和他人合作與活動。所以，自由和權力並不是對立的。

自己無法控制的事物

哲夫——這跟一般的想法很不一樣耶。

老師——是啊。普遍認為權力會控制或壓抑自由。但是對鄂蘭來說，唯有具備維持人與人之間關係的力量，才能讓權力與單純的暴力相互區隔。那不外乎就是鄂蘭所說的，自由中那股與他人合作的力量。

宗吾郎——這麼說來，一旦沒有權力就沒有自由囉。

老師——會變成那樣沒錯。不過，其實鄂蘭也提及這樣的政治也有不自由的那一面。很有意思吧。

哲夫——咦？

老師——當我們藉由行動對他人產生作用時，並無法控制他人對於我們自身的「展現」有何種觀感。意思是，**對他人所發出的語言的影響範圍，是無法限制的**。這稱作「無限制性」。或者，我們無法預測語言會帶來什麼樣的結果。這就是「不可預測性」。而且語言一旦發出，就不能當作沒發生過，亦即「不可逆轉性」。

今日子——以自己無法控制的這層意義來看，就是所謂的不自由囉？

老師——是的。只要行動是語言行為，其中必然伴隨著不確定性與偶然性。但鄂蘭表示，想要解決這個問題同樣必須依靠行動。想克服不可預測性，就必須要求「相互約束」的行為。

宗吾郎——是我們平常說的那個約束嗎？

老師——可以這麼說。意味著即使面對的是不確定的未來，仍有得以到達之處。同樣的，不可逆轉性也能藉由「寬恕」加以克服。寬恕的作用，是讓導因於難以挽回的行為不至於引發無止盡的連鎖憎恨。

今日子——好像感覺到希望了呢。

老師——那個「希望」若能置換成「開端」，或許一點也沒錯。為建構全新關係的

「開端」的行為，也正是行動的意義。鄂蘭比喻說，「的確，人終須一死。但**人生來並非為了死亡，而是為了開端**。行動往往能讓人們記起這個道理。如果這樣的行動不具固有能力，也就是防止破壞、展開新事物的能力，那麼走向死亡的人類壽命，必將屬於人類的一切領向滅亡與敗壞吧」。

哲夫——這力量還真強大啊。

老師——果然會有這種感覺。想必大家應該能從到目前為止所提及的內容中，充分了解為何鄂蘭會如此重視政治領域。所以，她才會感嘆近代社會中「社會」的出現，使得政治領域逐漸消失。

哲夫——咦，社會是不好的嗎？

老師——以侵蝕政治領域的層面來說確實如此。換言之，在希臘時代，家庭是私有領域，政治是公共領域。然而到了近代，不屬於私有領域，也不屬於公共領域的社會領域卻逐漸擴張。典型的代表就是工廠。

宗吾郎——提到工廠還真讓人有點意外。

老師——我想大家可以這麼思考。過去每個人都是在家庭產出生活必需品，食物或衣服皆然。今日那些東西全變成由工廠生產。社會就像這樣侵蝕家庭領域。而且，只要看看社會保障制度就能明白，社會同樣逐漸侵蝕政治領域。就人類活動而言，顯示勞動逐漸比行動占優勢。

從消費社會產生的孤獨

今日子——鄂蘭是在批判勞動成為人類的本質這一點吧。

老師——是的。第三章就是以「勞動」為標題，展開對於馬克思將勞動視為人類本質的批判。雖然經常遭到誤解，不過鄂蘭絕不是個反共主義者，她批判馬克思的依據並不在此。她純粹是批判馬克思將人類的本質放在勞動這一點。

宗吾郎——那就變成是批判經濟活動本身囉。

老師——正是如此。鄂蘭表示，「生命過程中的公共分野——社會領域，可說是解放了自然事物的不自然成長。其結果，與私人領域事物親密連結的一方和狹義的政治事物的另一方，都變得無法保護我們自身」。所謂的「自然事物的不自然成長」，意味著持續加速的勞動生產的擴大。

哲夫——那麼，政治無法保護我們自身是指？

老師——市場擁有過於強大的力量，導致政治無法完全控制的狀態。

哲夫——這在二十一世紀也通用呢。

老師——隨後，鄂蘭還更直接了當地批判消費社會。例如，「如今，椅子和桌子等如同衣服般被迅速消費，回頭看看衣服，則幾乎像是食物般被火速消費」。

今日子——所以，她是想在這樣的現況中重新找回政治領域吧。

老師——是的。因為如果不這麼做，她擔心情況可能會變得非常糟糕。

宗吾郎——她是擔心極權主義嗎？

老師——是的。對公共事務漠不關心的大眾社會十分危險。大眾社會的特質為標準化。「他們被剝奪從他人身上有所見聞的機會，同時也被剝奪讓他人有所見聞的機會。他們的一切全被封閉在自我主觀的唯一經驗中」。於是孤獨從中而生，輕而易舉地逐漸被極權主義的瘋狂所吞噬。

接受他者為自由的存在

哲夫——那麼根據鄂蘭的說法，到底該怎麼做才好呢？

老師——她認為唯一的辦法就只有讓行動復興。鄂蘭以一八四八年法國二月革命到一九五六年匈牙利革命等一連串的變動為例。她表示，這樣的過程會逐漸創造出如「公民議會制度」等，擁有全新政治準則的新公共空間。

哲夫——新公共空間？

老師——這也和鄂蘭的公共領域理論有關。雖然順序有些顛倒，這裡就先來介紹一下吧。鄂蘭的討論在某種意義上，可說是公共領域理論的先驅。其中的關鍵字，大概就屬「顯現的空間」與「公共世界」。

今日子——顯現的空間是指他者顯現的空間，還是我所顯現的空間呢？

老師——兩者皆是。所謂顯現的空間，是根據人們的行為與言說在相互關聯之處所形成的空間。鄂蘭形容，「顯現的空間是在人們共同聚集的地方、無特定地點的潛在存在。但追根究柢，只是潛在的，並非必然也不是永恆的」。

公共性理論

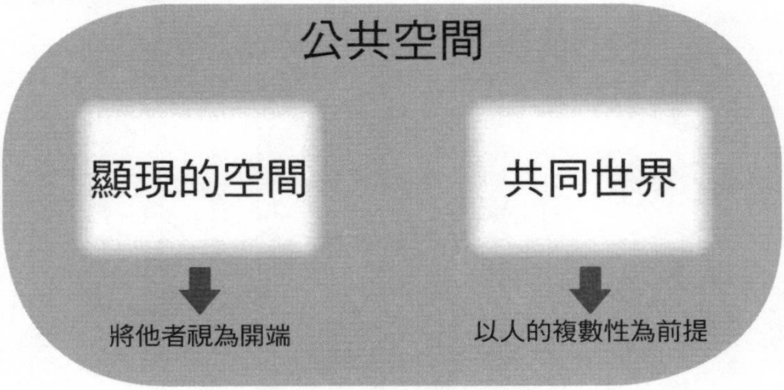

構成公共空間的兩個要素為「顯現的空間」和「共同世界」

哲夫——意思是，公共空間必須是顯現的空間吧？

老師——是的。這部分很重要的一點在於，顯現的空間是將他者視為一種「開端」的空間。

今日子——她是要我們別先入為主囉？

老師——可以這麼說吧。就是無關其他一切條件，**接受他者為自由的存在**。

宗吾郎——我好像漸漸明白了。在極權社會中，之所以不將他者視為自由的存在者予以接受，因為那並不是個顯現的空間吧。

老師——沒錯。另一個原因是那

並非共同世界。鄂蘭針對共同世界是這麼說的，「共同世界雖為所有人相互邂逅的共同場所，在該處顯現姿態的人們，都各自在該處占有相異的一席之地。如同兩個物體不可能占有同一場所般，某人的立場也不可能與他者的立場一致」。

今日子——所以，必須有複數人類，共同世界才得以存在。

老師——是的。而所謂的公共空間，則是根據那樣的共同世界所構成。

今日子——想必語言和勸說也相當受到重視吧。

老師——正是如此。總之，鄂蘭的探討很容易受到刻板印象的批判。她以古希臘城邦為藍本的理論，經常遭受不適用於現代社會之類的議論。

哲夫——可是像那樣矮化《人的條件》的旨趣，未免也太可惜了吧。

老師——真的是那樣。我想很重要的一點是，本書所揭示的「政治是語言與勸說」這個部分。特別是對於早已忘卻語言作用的現代政治，此等訴求的意義格外重大。

宗吾郎——行動、公共空間……就像老師一開始說的，似乎出現許多關於展開人生第二階段的提示呢。謝謝老師介紹這本好書。

老師——真高興聽到你這麼說。

※參考書目

《人的條件》（志水速雄譯，筑摩書房）

超譯《人的條件》名句

「所謂共同體生活，指的並非一切仰賴權力和暴力，而是透過語言和勸說決定。」

「唯有所有人能夠從不同立場道出不同意見的事實，才是公共生活的真諦。」

「的確，人終須一死。但人生來並非為了死亡，而是為了開端。」

其人其事

漢娜·鄂蘭 Hannah Arendt（1906～1975）

活躍於美國的現代女性思想家。原為猶太裔德國人，為逃離納粹迫害，被迫流亡海外。師從海德格與雅斯培，受其強烈影響。因分析極權主義產生的機制而廣受注目，同時也是展開公共性相關探討的先驅。著有《人的條件》、《極權主義的起源》、《平凡的邪惡：艾希曼耶路撒冷大審紀實》（*Eichmann in Jerusalem: A Report on the Banality of Evil*）等書。

給對鄂蘭有興趣的你 —— **推薦書單**

《極權主義的起源》
美鈴書局｜鄂蘭著｜大久保和郎譯
鄂蘭的主要著作，也是原點

《如今正是時候重新閱讀鄂蘭》
講談社現代新書｜仲正昌樹著
有關鄂蘭整體思想的入門書

《漢娜·鄂蘭入門》
藤原書店｜杉浦敏子著
從鄂蘭的人生解讀其思想

※台灣相關出版品

漢娜·鄂蘭著，林宏濤譯，《人的條件》，商周，2016。
漢娜·鄂蘭著，施奕如譯，《平凡的邪惡》，玉山社，2013。
漢娜·鄂蘭著，蔡佩君譯，《政治的承諾》，左岸，2010。
漢娜·鄂蘭著，林驤華譯，《極權主義的起源》，左岸，2009。
漢娜·鄂蘭著，蔡佩君譯，《責任與判斷》，左岸，2008。
漢娜·鄂蘭著，鄧伯宸譯，《黑暗時代群像》，立緒，2006。

LESSON 13
如何與他人分享？

羅爾斯

《正義論》

John Rawls

A Theory of Justice

如何才能消弭階級差距？

老師——今天介紹的是美國政治哲學家約翰・羅爾斯的代表作《正義論》。這本書出版於一九七一年，適逢美國六〇年代民權運動與反越戰運動等所有人開始質疑正義何在的時期。也因此，雖然是本不易理解的哲學著作，當時仍廣受大眾目。

今日子——不過，正義論也是現今熱門的討論話題呢。

老師——不愧是A子。妳平常也對這方面多有涉獵吧。正義論的主題是，**如何才能公平地分配**。當中特別論及矯正差別的方法，使其在近年來貧富差距愈來愈大的社會背景之下，再度受到關注。

今日子——所以今天的副標題才會訂為「如何與他人分享」吧。

哲夫——咦，正義是那個意思？我還以為一定會講到跟戰爭有關的事。因為「正義的一方」給人強烈的印象。

老師——大概有很多人這麼想。不過羅爾斯劃時代的創見是，在社會福利的相關探討中融入正義的概念。

宗吾郎——老師，那位羅爾斯是個什麼樣的人呢？我才疏學淺，雖然七〇年代初期正值我的學生時代，可是我卻完全不知道這個人。

老師——羅爾斯是哈佛大學的教授。據悉，他在當時實用性學問偏重的情況下，促使自亞里斯多德以來的政治哲學得以重振。尤其《正義論》更成為日後所有有關正義的言論或者Liberalism的探討基礎。

哲夫——Liberalism？

老師——就是自由主義。一種著重價值中立的立場。在羅爾斯的探討中，具體來說是以「正當優先於良善」這樣的形容加以表現。換句話說，即使是大多數人所抱持的強烈信念，假如不是基於正義的各項原理，而僅止於喜好選擇，那麼對於社會制度的批判要求便無絲毫重要性。羅爾斯在此肯定「正當」就公開原則而言的優先性。無論是何種良善的特殊提議，都必須是被個別確認的正義。

取得「無知之幕」吧

今日子——在近年來的政治哲學熱潮中，也常聽到羅爾斯的名字呢。不過，似乎批判的聲音比較多……

老師——唔。有哪個部分獲得正面評價，又有哪個部分遭受批判？我們就趕緊來看看內容吧。一言以蔽之，這本書的主題可說是**提出一個相關探討，取代至今占盡優勢的功利主義的正義**。

宗吾郎——是「最大多數人的最大幸福」的那個功利主義嗎？

老師——沒錯。功利主義認為幸福的最大化就是正義。但並不過問幸福的分配方法，也就是平等。即使弱者或失敗者存在也無所謂。將之視為問題的羅爾斯，因而思考難道沒有其他實現正義的方法？他從這裡構思出的，正是「將洛克、盧梭、康德所提倡的傳統社會契約論，加以一般化與抽象化」的方法。我們在第四堂課中討論過盧梭的社會契約論，大家還記得嗎？

今日子——那是以每個人所共同懷抱的公意為基礎，根據契約打造社會。

原初狀態

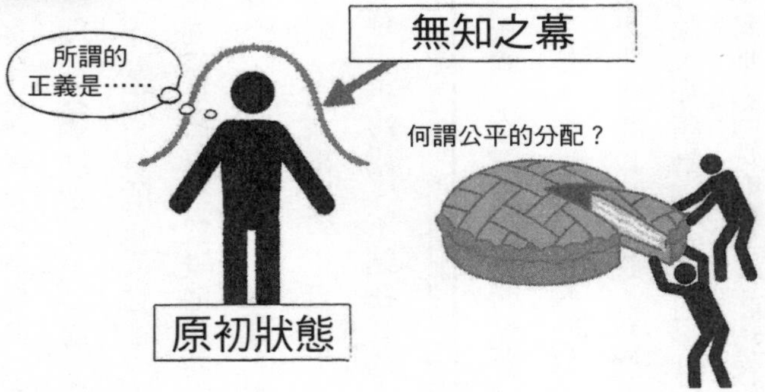

唯有隔絕自身訊息進行思考，才能以相同條件判斷正義

老師——是的。羅爾斯正是運用這個想法。《正義論》由三個部分構成，第一部分開頭就出現這樣的話題。羅爾斯在闡述正義的至高無上性後，提及社會契約論。他將社會定位在「追求互惠互利的共同冒險計畫」，同時思索在那樣的社會分享利益的方法。

哲夫——既然是根據契約所打造的社會，分配從中產生的利益時，只要根據某種契約性的東西就行了吧？

老師——並不是要根據契約分配，他只是想，會不會有什麼大家都能同意的方法。

哲夫——具體來說呢？

老師——他提出所謂「原初狀態」的概念。

哲夫——原初狀態？

老師——**原初狀態**的原文為「original position」。據羅爾斯所言，「那是能夠確保從中獲得的基礎共識為公平公正的適當初始現狀」。他表示為了創造出這樣的狀態，我們必須覆上一層「**無知之幕**」。這算是某種思考實驗吧。也就是假設我們不知道自身的差異性，人人處於平等合理的相同情況之中。**唯有如此，才能以相同條件思考對於其他人而言的正義為何**。

哲夫——原來如此。確實人想到自己的事情時，總會不自覺地做出有利於自己的判斷。就算是思索正義，也總會把自己視為例外……

老師——沒錯。不站在其他人的立場思考，便無法判斷出真正的正義。不過，為此必須將自己的情況擱置一旁。像這樣藉由無知之幕協調出原初狀態後，終能判斷正義。在這裡登場的是羅爾斯的「正義兩大原則」。

宗吾郎——像是**判斷正義的公式**嗎？

老師——可以這麼說。我們就依序說明這兩個原則吧。首先，「第一原則」是，每個人都擁有平等的權利，得以享受最廣泛的基本自由體系。**此等自由體系同時必須與其他人同樣的體系彼此相容**」。

「第二原則」是，「社會和經濟的不平等必須滿足以下兩個條件。即(a)改善社會

正義的兩大原則

第一原則	平等自由權原則
第二原則(b)	機會的均等原則
第二原則(a)	差別原則

正義原則的適用，是為了讓最弱勢族群獲得最大利益

最弱勢族群的狀況，以及(b)在機會公平均等的條件下，對所有人開放各項公職或地位」。

哲夫——聽來似乎滿複雜的呢……

老師——簡單來說，第一原則是「平等自由權原則」，第二原則的(b)是「機會的均等原則」，(a)是「差別原則」。而這些原則也根據這個順序加以應用。

今日子——所以，最先是自由，然後是機會均等，最後則是矯正差別囉？

老師——是的。這樣的順序稱作lexical order。

哲夫——Lexical order？

老師——意思是辭典式序列。首先，根據第一原則，應該將自由平等地分

配給每一個人。不過，這裡所謂的自由僅限於言論自由、思想自由或身體自由等基本自由。其次，根據第二原則的(b)，唯有在獲得某種地位或職業的均等機會受到保障的情況下，才容許社會或經濟的不平等。而仍存在的不平等則藉由第二原則的(a)「差別原則」加以調整。

容許不平等的例子

宗吾郎——原來如此。我能理解自由擺在最優先順位這點，但是為什麼接著會是機會均等呢？

老師——這是因為在判斷社會、經濟不平等的是非與否時，首先必須重視機會較少的人們分配到多少機會。另外還有一點，在應用正義兩大原則時相當重要的「最大化最小值規則」（maximin rule）。

哲夫——最大化最小值規則？

老師——意思是，關注可能的選項所可能引發的最糟情況，並在最糟結果中選擇相對而言最好的選項。這裡的假設是，前述在原初狀態中的人，選擇最大化最小值規則的解決模式，亦即被視為將最糟情況最小化的正義的兩大原則。因為當事人很自然合理地會採取不與對方產生敵對衝突，同時盡可能避免對自己不利的謹慎態度。

今日子——剛才提到的以差別原則加以調整，又是如何運作呢？

老師——他表示，不平等僅容存於最弱勢者獲得最大利益的模式之中。這樣的概念是基於**擁有天賦才能的人，只是偶然間擁有那樣的才能，所以理應與境遇欠佳者分享其利益**。

宗吾郎——有點抽象耶。

老師——那麼，我們換個方式思考吧。假設眼前有一小塊派。現在有十個飢餓的人要瓜分它。此時若根據正義論，該如何分配這片派呢？首先，從第一原則的「平等自由權原則」來看，生命或身體的自由被視為最優先，因此絕不容許發生像昔日農村為了減少分食者而殺掉某人的情況。

哲夫——去賣腎籌錢之類的也不行吧？

今日子——好恐怖喔……

老師——是的。那也不行。接下來，根據第二原則的(b)「機會的均等原則」，十個人當中只要有人想吃派，就必須能夠吃派。無論是誰，只要有人遭鎖鍊綑綁或是擁有無法單獨一人使用的特殊工具，就必須先改善這樣的情況。

宗吾郎——那麼，有幼童或身障者在場的情況呢？

老師——那大概就是正義論假設的情境。當所有人的處境都趨於平等之後，終於準備將派分成十份。一般來說會分成十等份。然而，假設現在眼前有個人就要餓死了，這裡便適用第二原則的(a)「差別原則」，分給那個人稍微多一點。

宗吾郎——這麼一來，任誰都能心服口服了。

今日子——還真的是「公式」耶。

老師——這就是重點所在了。再次重申，羅爾斯的宗旨在於**比起道德議論，也就是「良善」，程序正當的「正當」更應該被視為優先**。為此，必須憑藉一個能夠盡可能在更多事例中引導出妥當結論的公式。那就是羅爾斯稱之為「反思均衡」（reflective equilibrium）的概念。

運用正義的方法

哲夫——反思均衡？

老師——是的。這是指透過判斷與原則相互調整的過程，所達成的理想狀態。也就是不斷地確認公式的適當性。

哲夫——想藉此確保正當性啊……

今日子——老師，我現在清楚正義兩大原則的應用方法了。但是從制度的角度來看，實際又是如何運用呢？

老師——《正義論》的第二部分「制度」，便是展開相關討論。羅爾斯提出**四個階段**。第一階段為原初狀態，立約者首先選擇正義的兩大原則。當所有人取得共識後，接著進入第二階段的制憲會議。立約者皆為代表人，不過對於和自我本身的相關訊息仍被籠罩於前述的「無知之幕」中。

今日子——那麼，他是以那些人理解到什麼樣程度做為前提呢？

老師——羅爾斯的假想是，「理解社會理論的各項原則，加上知曉他們現在對他們的社會而言普遍有關的事實，亦即自然環境與天然資源、經濟發展水準、政治文化等」。正義的第一原則在這裡被納入憲法之中。他假設能夠實現正義的政體為某種立憲民主制。然後，進入第三階段的立法階段。在此，第二原則成為討論的議題。

宗吾郎——這個階段會制定政策吧。

老師——是的。尤其是社會政策或經濟政策。並且根據第二原則，政策「應該在維持平等自由，以及公平的機會平等的條件下，使社會中處於劣勢者獲得最大利益」。第四階段則是「法官或行政官員將規則應用至特殊案例，以及人民遵守規則的階段」。人民是在此階段後，才真正直接面對正義原則。以上就是正義兩大原則的內容，以及如何應用的概略。

宗吾郎——我反而覺得「良善」比較重要，所以沒辦法喜歡這樣的說法。

老師——但是，羅爾斯也說不能完全不去考慮「良善」。

宗吾郎——咦，是嗎？

老師——《正義論》到最後所闡述的，甚至可以說就是良善吧。換言之，正義原則一旦被採用，接下來的問題就是如何在社會中跨世代傳承這樣的價值。那個時候，良善就會被提出來。同時，羅爾斯還提倡「社會聯盟」的概念。

今日子——**像是理想的共同體嗎？**

老師——或許可以這麼說。做為正義實現的成果，共同制度和活動都得到其本身即具有價值的評價。也就是「良善」。而社會聯盟即為實現那些良善的共同體。

哲夫——我本來還以為羅爾斯是個不知變通的人呢。

老師——事實上，和《正義論》相隔很長一段時間、於一九九三年發表的《政治自由主義》（*Political Liberalism*），更顯示出他柔軟的身段。他表示，支配世界的是「穩當的多元主義」。也就是說，他所根據的前提是，在這世上雖然不可能兩者兼具，卻有彼此可能穩當並存的複數世界。

今日子——那個複數社會又該如何折衝呢？

老師——由於追求單一真理已經不可能，所以羅爾斯認為只要合情合理即可。他表示，只要在合情合理的範圍中，**取得某種程度的「交疊共識」（overlapping consensus）便已足夠**。

宗吾郎——總免不了讓人有種做了大幅度的讓步，或倒退一大步的印象耶。

老師——的確，倘若不再需要從原初狀態開始的合理選擇，僅交疊共識即可，就其理論而言，讀來確實會有倒退的感覺。實際上對此提出非議的人也不少。

哲夫——不過，既然羅爾斯說過「反思均衡」是必要的，這似乎也可說是從現實主義的觀點加以因應吧……

老師——說到現實主義，羅爾斯在一九九九年所發表的《萬民法》(*The Law of Peoples*)中，曾嘗試將正義論應用於全球框架之中。當時他所走的還是現實主義的路數。

桑德爾也深受影響！

哲夫——這又怎麼說呢？

老師——舉例來說，原本若要把正義論直接套用於國際社會中，那麼任何一個國家都必須積極地加以干涉，同時矯正該國的差別問題。但他卻不這麼主張。至少針對「具備判斷能力的階層社會」這方面，他表示即使不是民主國家，也不應該以自身的自由價值觀對其強制要求。

今日子——他是考慮到伊斯蘭各國吧？

老師——是的。羅爾斯是設定一個假想的伊斯蘭國家「卡薩尼斯坦」（Kazanistan）進行相關探討。

今日子——他命名的品味還真差……

宗吾郎——今日子，妳好嚴格。不過，以正義之名去壓制任何一個國家確實不好。我能理解羅爾斯所說的。

老師——無論如何，羅爾斯都影響了其後眾多的哲學家。最後一堂課要介紹的**哈佛大學教授邁可・桑德爾也是其中之一**。我希望大家務必親自確認羅爾斯的思想是如何發揮其影響力。

※參考書目

《正義論》（矢島鈞次監譯，紀伊國屋書店）
《正義論》（改訂版）（川本隆史等人譯，紀伊國屋書店）

超譯《正義論》名句

「正如真理之於思想體系為首要之德，
正義為社會各制度首要應發揮之事項。」

「我們應該在維持平等自由為前提，
以及公平的機會均等的條件下，使處於劣勢者獲得最大的利益。」

「我們樂見每個人對於『良善』的概念不盡相同，
然而關於『正當』的概念，卻不能與之相提並論。」

其人其事

約翰・羅爾斯

John Rawls（1921～2002）

美國政治哲學家，哈佛大學教授。為了思考如何打造一個公平的社會，將「正義」的概念套用於社會福利的探討，也促使當時已陷入低迷的政治哲學得以重振。他以現代自由主義代表性評論家的角色引發辯論熱潮。著有《正義論》、《政治自由主義》、《萬民法》等書

給對羅爾斯有興趣的你

推薦書單

《萬民法》

岩波書店｜羅爾斯著｜中山龍一譯

羅爾斯的國際正義論

《羅爾斯：正義的原理》

講談社｜川本隆史著

有關羅爾斯整體思想的入門書

《羅爾斯：正義的原理》

勁草書房｜查德蘭・庫克色斯（Chandran Kukathas）等人著｜山田八千子等人譯

能夠深入了解關於羅爾斯《正義論》的各種爭論

※台灣相關出版品

約翰・羅爾斯著，李國維、珂洛緹、汪慶華譯，《萬民法》，聯經，2005。

約翰・羅爾斯著，《道德哲學史講演錄》，左岸，2004。

約翰・羅爾斯著，李少軍等譯，《正義論》，桂冠，2003。

約翰・羅爾斯著，姚大志譯，《作為公平的正義：正義新論》，左岸，2002。

LESSON 14

國家為何存在？

諾齊克

《無政府、國家與烏托邦》

Robert Nozick

Anarchy, State, and Utopia

諾齊克是個什麼樣的人？

老師——今天要談諾齊克呢。他的名字大概是在我們這一系列課程中，最鮮為人知的吧？

宗吾郎——說來慚愧，確實是初次耳聞。

哲夫——我也是第一次聽到。

今日子——他是自由放任主義（Libertarianism）的代表人物吧。

老師——不愧是今日子。沒錯。諾齊克是美國政治哲學家，今天要談的《無政府、國家與烏托邦》出版於一九七四年。當時，羅爾斯的《正義論》才剛出版，正值國家理應照顧人民福祉與生活的共識逐漸形成之際，諾齊克卻以自由放任主義的立場大唱反調。

哲夫——請問，那個自由放任主義是什麼啊？

老師——這個嘛，看來有必要說明一下。抱歉是我疏忽了。自由放任主義又分成不同種類，一言蔽之，就是**將個人的自由最大化，將國家的強制力最小化**。因此也被譯為「自由至上主義」。而自由放任主義者，就是支持此等思想的人們。

宗吾郎——這種思想之所以出現，有它的時代背景吧？

老師——主要是十九世紀末以來逐漸擴散的福利國家思想，造成國家權力的過度擴張。這也是對通貨膨脹、財政赤字等「政府的失敗」批判的表現。

今日子——剛才提到自由放任主義又分成不同種類，那麼諾齊克在這之中的定位為何呢？

哲夫——今日子的提問層次還真是不同凡響啊……

老師——分類的重點在於所容許的國家規模到達何種程度。提倡完全裁撤的是「無政府資本主義」（Anarcho-capitalism）。經濟學家傅利曼（David D. Friedman）即為著名論者。「古典自由主義」（Classical Liberalism）除了治安、防禦、司法等國家最低限度功能，貨幣或公共財的提供也予以認同。著名論者有海耶克（F.A. Hayek）等人。而認同程度相對較為限縮，主張國家功能應止於治安、防禦、司法等最低限度的中間立場，則是「**最低限度國家論**」（the minimal state theory）。這**就是諾齊克的立場**。我們來看看他的形容吧。「本書關於國家的主要結論有以下幾點。功能限縮於防止暴力、盜竊、詐欺，以及確保契約的執行等的『最低限度國家』被視為正當。超越此限度的擴張國家，皆被視為對於未受到強制進行某種特定情事的人們的權利侵害，亦非正當」。

哲夫——想到政府只會徵稅亂花一通，就滿喜歡這種想法的耶。

最終目標為烏托邦？

老師——那我們就趕緊來看看這本書會不會成為哲夫的聖經吧。首先從整體來看，這本書由三個部分構成。第一部分是「自然狀態理論，或如何自然而然地追溯出一個國家」。在此，他向無政府主義者力陳最低限度國家的任務，僅止於保護人們免於暴力、詐欺、盜竊及執行契約，可予以正當化。接著，在第二部分「超越最低限度的國家？」中，他一改議論矛頭，主張超越最低限度國家的擴張國家不能予以正當化。而羅爾斯的《正義論》便成了俎上肉。

第三部分「烏托邦」則藉由各種可自由參與或脫離的共同體，將最低限度國家視為烏托邦予以充分理解，試圖彰顯最低限度國家的制度，對於性質相異且擁有不同幸福感受的人們極具魅力。

宗吾郎——稱作烏托邦還真不錯。畢竟是理想國論嘛。

老師——接著進入打造理想國家的詳細內容吧。首先是第一部分的主題，最低限度國家的正當化。諾齊克假設從無政府狀態出發，到國家狀態的目標之間可能會有的最艱困的路徑，並予以克服，從而達成國家的道德正當化。

今日子——算是如何催生國家的思考實驗吧？

老師——妳說到重點了。那必須歷經自然狀態、保護性社團、商業性保護機構、支配性保護性機構、超低限度國家、最低限度國家等六個階段。

宗吾郎——所謂的自然狀態，是霍布斯著名的「萬人與萬人鬥爭」狀態嗎？第四堂課好像出現過……

老師——不，還沒到那個地步。而是從個人權利被視為道德原則的自然法的狀態出發。也就是洛克在《政府論》中所設定的各種權利，個人生命、健康、自由、財產的不可侵犯性，以及回復或預防上述侵害的權利。每個人在此框架中是完全自由的。

第二階段是「保護性社團」。由於權利的實現仰賴自力救濟，不僅無法確定各自的權利侵害能否獲得解決，對於該以何種方式解決紛爭的見解也無法一致。此外，也可能出現個人力量不足以應付的情況。為此，人們必須組成互助組織來確定權利的保障與救濟。

思考實驗——到形成國家為止

哲夫——**像是昔日治安不好的澀谷等地也做過、類似地方巡守隊的組織吧？**

老師——沒錯。這種組織逐漸變成像保全公司後，便邁入下個階段。為求更加可靠與效率化，分工也就愈發細膩。協助實現權利的專門機構和顧客簽訂契約，顧客也開始購買服務。如此一來，便產生在一定領域內有多個商業性保護機構並存的狀態。

宗吾郎——這是市場原理呢。接著會有出類拔萃的公司冒出頭來吧？

老師——真不愧做過生意。競爭與武力鬥爭的結果，就會有單一保護機構出現並獨占該領域。以該機構已無競爭者這一點而言，可說是**極度接近最低限度國家**，

催生國家的方法

歷經6個階段，從自然狀態催生出最低限度國家

然而轉換程序尚未完成。因為領域內可能仍存在著無政府主義者，他們不從保護機構購入服務，而是持續執行權利的自力救濟。

今日子——之後終於要轉換到最低限度國家了吧？

老師——是的。只要還存在著自力救濟的可能，其中就有可能出現錯誤。因此保護機構會對該錯誤施行處罰，實質上等同於獨占強制力的行使。而在最後一個階段中，保護機構便以無政府主義者行使權利的潛在風險，會帶給其他顧客不可能賠償的恐懼為由，事先禁止。

哲夫——一旦這麼做，無政府主義

者也不可能默不吭聲吧？

老師——畢竟這和侵害無政府主義者的自由並無二致。不過，保護機構也必須付出這麼做的代價。保護機構就像這樣，藉由對無政府主義者提供與其他顧客相同的服務，完全獨占某一領域中的治安、防禦及司法權。

哲夫——沒有國家的話，果然還是無法高枕無憂。可見得最低限度國家是必要的呢。

課稅等同強制勞動？

宗吾郎——老師，我明白形成最低限度國家的過程了。不過，為什麼非得是最低限度呢？

老師——是的。諾齊克在第二部分中，藉由批判擴張國家提出回答。也就是說，所謂支撐福利國家正當分配的正義的概念，是為了實現社會的某種理想狀態，以諾齊克的話來說，即為「模式化」（Pattern），個人財產重新分配。但此舉勢必侵犯到個人自由，才有可能實現。假如人擁有任意處置所有物的權利，上述的模式化勢必會在重複交換的過程中崩壞。

哲夫——難道沒辦法盡可能維持模式化嗎？

老師——那麼大概就必須不斷干涉個人的私生活了。**諾齊克認為，自由和模式化無法兩者兼顧。**例如，對勞動所得課稅，就等同強迫勞動。

今日子——**課稅就是強制勞動的說法還真聳動呢……**

老師——因為課稅要正當化，需要全體國民對於為鞏固、維持國家存在的模式化分配取得共識，這種不切實際的條件必須成立才行。

哲夫——這根本就做不到，但國家還是照樣課稅啊。

老師——這類理論的基礎在於所有權理論，即「歷史的賦予權利理論」。該理論根據以下三種正義考量擁有某物的正當性。其中包括「獨占・獲取的正義」，從無人擁有的狀態到被人擁有的過程；「讓渡・轉移的正義」，從某人所有物轉移至他人所有物的過程；「矯正的正義」，矯正過去不正當的獲得、轉移。

今日子——就是取得手段是否正當吧？

老師——沒錯。反過來說，在決定一切的正當性時，只取決於某人在獲得財產過程中的正當與否，除此之外皆不列入考慮。

諾齊克所說的三種正義

哲夫——可以更具體地說明關於這三種正義嗎？

老師——我明白了。首先，獨占・獲取的正義是，「某無主物一旦摻入某人的勞動因素，那個人便對其產生所有權」。這點因洛克的勞動價值理論而廣為人知。洛克還加上了「若此等無主物對他人而言仍有充分剩餘」的但書。諾齊克則稍加修改成「若該獨占不至於造成他人的狀態惡化」。

今日子——意思是，若侵害到他人的權利，就不被承認是正當擁有吧。

老師——是的。其次是關於讓渡・轉移的正義。意指當事者的任意交換是以自發性為條件。但如此一來，便產生區分自願交換和強制交換、壓榨的基準何在的問題。

宗吾郎——諾齊克怎麼解決這個問題呢？

老師——他提出某人選擇的行為是否受制於他人，以及該行為是否造成權利侵害的兩個基準。至於意在挽救的矯正的正義，各位應該沒問題吧。那麼，終於要來談談諾齊克所謂的烏托邦囉。

哲夫——進入第三部分了。但結果他的結論還不是全都交由市場決定。

老師——你是這麼想的嗎？雖然經常遭到外界誤解，**自由放任主義者卻不一定將自由放任主義式的資本主義視為萬靈丹**。對於他們來說，個人私領域的自由才是最重要的，自由市場以及最低限度國家不過是確保、維持上述自由的絕佳手段罷了。

今日子——簡單來說，這些人只要能守護個人自由就行了嗎？

老師——若用一句話來做總結，就是這樣。

今日子——諾齊克為什麼會著眼於此呢？

老師——有許多考量。像是，如何禁止個人淪為他人追求目的之工具的康德式人格尊重，又或只要不危及他人，當事者皆擁有支配自己身體等自我權利的觀念。

哲夫——我倒是頗能了解這種自己最重要的想法。

老師——不管怎麼說，**只要能守護個人的自由**，無論是生活模式或共同體的形式，**皆無受到禁止或獎勵的必要**。所以諾齊克指出，最低限度國家是在某種「烏托邦架構」內發揮作用。

宗吾郎——亦即在那樣的架構內就能享受自由囉？

老師——唔。那樣的架構容許根據自主性交換或共識所嘗試的多樣烏托邦建設。唯有如此，才能支撐最小限度國家的正當性。

各式各樣的烏托邦共存

哲夫——我還是搞不清楚那架構是什麼樣子耶。

老師——那麼，來看看諾齊克的形容吧。「烏托邦是為了多元的烏托邦所存在的框架，人們可自由地任意結合，於理想社群中追求並實現自身良善的生活觀。於此，不該有任何人將自身的烏托邦願景強行加諸在他人身上。烏托邦就是這樣的地方」。

哲夫——也就是說，並非將單一價值觀強加在他人身上，而是每個人都能享受自

烏托邦

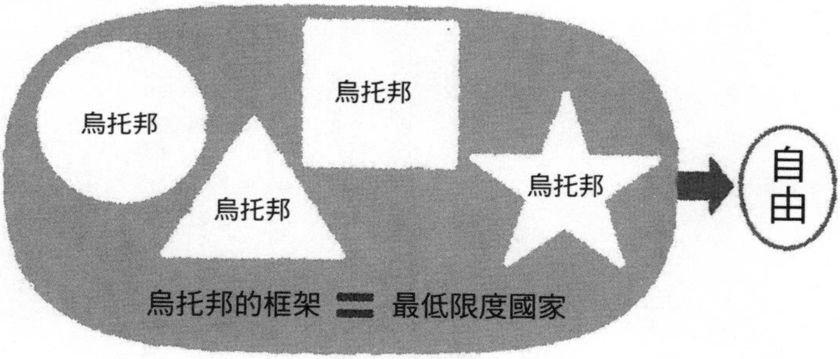

使每個人都能實現自由的最低限度條件，即為以烏托邦的框架呈現的最低限度國家

由的最低限度條件已然達到完備囉？

老師——確實如此。那個最低限度條件，也就是最低限度國家。

今日子——這跟我們平常對烏托邦的印象還真不一樣耶。一般不是都會有個共同目標，然後由所有人一起實現才叫做烏托邦嗎？好比人人平等的社會。

老師——那是諾齊克所謂的「受到所有人歡迎的單一烏托邦社會的概念」。他將擁有這種概念的人稱作「帝國主義式烏托邦主義者」。就他的立場而言，每個人的性情、智力、理想的人生類型各不相同，企圖將其彙整納入單一價值觀內是不可能的，可以說，

他是從多元化事實的角度出發。

宗吾郎——所以烏托邦的理想，也會變成由多元的烏托邦共同體匯集而成的複合體囉。

老師——那是個現實的問題呢。確實，我不認為激進宗教團體真的能夠和平共存。就算不舉這麼極端的例子，像是伊斯蘭文化也和其他文化有所衝突。所以，烏托邦框架在此是做為一種「過濾手段」。並且根據每個人自發性的選擇與拒絕的積累，**篩選出個別的烏托邦**。像那樣藉由否定手段的演變，才能夠逐漸改善值得追求的理想共同體和良善生活觀的清單。

哲夫——整體給人的印象果然是逐漸邁向烏托邦的實現。內心不可思議地興奮了起來耶。

老師——諾齊克也這麼說。他表示，「最低限度國家，也就是為烏托邦而存在的框架，是個能夠鼓舞人心的概念」呢。

諾齊克對於羅爾斯的批判

今日子——對了，之前提到諾齊克也對羅爾斯提出批判。他是怎麼說的呢？

老師——大多是賠了夫人又折兵之類的批判。比方說，當人處於羅爾斯式的原初狀態時，不見得只會採用差別原理。他批判，那些人反而可能會選擇附帶最低限度生活保障的平均功利主義吧；又或，羅爾斯的分配正義論簡直是將社會中的財產視為無主物般的處置。

哲夫——我果然對諾齊克相當有共鳴。這可成了我的聖經囉。

老師——如果能像這樣幫學生找到一本適合自己的書，上這門課也就值得了。

※參考書目

《無政府、國家與烏托邦：國家的正當性及其界線》（島津格譯，木鐸社）

超譯《無政府、國家和烏托邦》名句

「最低限度國家被視為正當。超越此限度的擴張國家，皆被視為侵害人們權利，也是不正當的。」

「烏托邦是為多元的烏托邦而存在的框架，人們在其中追求自我本身的良善生活觀並加以實現。」

「最低限度國家將我們視為具備人格者，而此等人格乃伴隨從權利而生的尊嚴。」

其人其事

羅伯特・諾齊克

Robert Nozick（1938～2002）

美國政治哲學家，哈佛大學教授。其學術成就範圍之廣，除了政治理論，更涵蓋道德哲學與法哲學等領域。尤其在政治理論方面，其被視為自由放任主義的古典思想《無政府、國家與烏托邦》影響尤鉅。著有《無政府、國家與烏托邦》、《哲學解釋》（*Philosophical Explanations*）、《生命之檢驗》（*The Examined Life-Philosophical Meditations*）等書。

給對諾齊克有興趣的你

推薦書單

《自由放任主義讀本》

勁草書房｜森村進編著

得以一窺自由放任主義全貌的引導書

《諾齊克：所有、正義、最低限度國家》

勁草書房｜喬納森・沃爾夫（Jonathan Wolff）著｜森村進等人譯

詳細分析諾齊克的政治哲學

《生命之檢驗：哲學沉思錄》

青土社｜諾齊克著｜井上章子譯

諾齊克的人生哲學論

※台灣相關出版品

諾齊克著，王建凱譯，《無政府、國家與烏托邦》，時報，1996。

LESSON 15

一個人終究難以生存嗎？

桑德爾

《自由主義與正義的侷限》

Michael J. Sandel

Liberalism and the Limits of Justice

桑德爾的代表作！

老師——終於要進入最後一堂課了。今天來談談邁可・桑德爾的《自由主義與正義的侷限》。我想大家應該都聽過桑德爾，多虧ＮＨＫ公共電視台所播放的節目《哈佛白熱教室》，近年來他在日本相當知名。那個節目是將他大受歡迎的課程藉由電視播送，課程內容彙整而成的作品《正義：一場思辯之旅》（*Justice: What's the right thing to do*）也成了暢銷書，可說是點燃政治哲學熱潮的火種呢。

哲夫——《自由主義與正義的侷限》是他的最新著作嗎？

老師——不，那是他在八〇年代初期的作品。第二版於一九九八年問世，不過這並不代表桑德爾的思考有所改變，我們的說明將以該版本為基礎。事實上，這本書是為了批判羅爾斯的《正義論》所作。只是羅爾斯在邁入九〇年代後出現「變節」，因此新版補充了關於這部分的檢討。

今日子——因為批判羅爾斯，所以被稱作是社群主義者（communitarian）*的聖經吧。

老師——是的。桑德爾的這本著作問世後，便與麥金泰爾（Alasdair MacIntyre）的

《美德之後》（*After Virtue*）、加拿大的查爾斯・泰勒（Charles Taylor）的《哲學論文集》，以及麥可・沃爾澤（Michael Walzer）的《正義的諸領域》（*Spheres of Justice*）並駕齊驅，成為催生社群主義的一大潮流。

今日子——從中就引發倒底自由主義好，還是社群主義好的「自由主義與社群主義論戰」，對吧？

老師——可以這麼說。畢竟一般都將桑德爾視為**社群主義者，也就是共同體主義者**。不過，他本人卻在第二版開頭提及他對這一點感到不快。

宗吾郎——那又是怎麼一回事呢？

老師——桑德爾如此表示，「只要『社群主義』為多數決主義的別名，又或無論所屬的社群、時間為何，權利皆依據某種優越價值的思考的別名，那就不是我想擁護的見解」。

＊社群主義並非想取代自由主義在當今社會中的重要地位，而是希望修正自由主義對個人和社群的錯誤假設，企圖恢復瀕臨垂危邊緣的社群意識。

重視「共同善」

今日子——意思是，假設頑強地將一定的價值觀加諸在他人身上是所謂的社群主義者，那麼自己並非社群主義者囉？

老師——是的。我認為他是個社群主義者這點不會錯。其餘只是詞彙的定義問題。所謂的個人認同，確實有一部分是根據自己所屬的社群決定。但終究只是「部分」而已。

宗吾郎——不過，共同體都有個共同目標吧？

老師——桑德爾重視的是「共同善」，不過他認為那絕非事先決定好，而是在充分討論後，**由社群成員所共同獲得的結論**。

哲夫——我有點了解老師選擇這本書的理由。因為桑德爾的原點就在其中。

老師——沒錯。對了，桑德爾是本系列課程所提到的哲學家中，唯一一位在世者，並且仍在工作崗位上，所以他的思想持續進化當中。不過，他並無絲毫偏離原點。我希望大家務必藉由此書確認這一點。

自由與社群主義論者大論戰

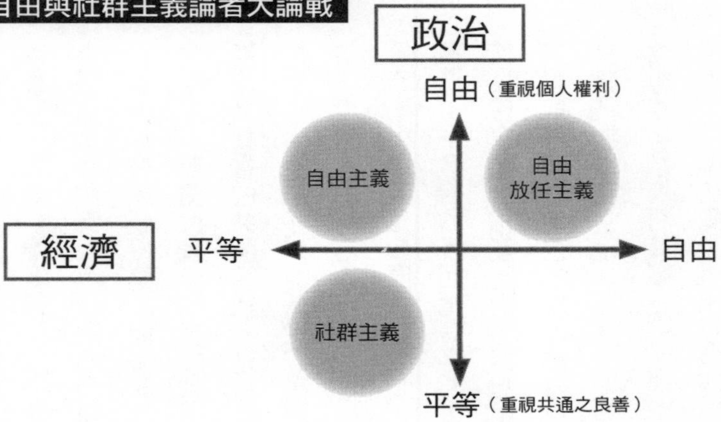

問題在於應重視個人權利，抑或共通之良善

哲夫——可是桑德爾為什麼這麼拘泥於共同體呢？我是個以自我為中心的人，老實說還滿討厭那種東西的。

老師——我想即使不是所有人都達到可稱作自我中心主義的地步，然而目前社會的價值觀趨於多元化也是事實。所謂的自由主義，就是一種守護上述多元價值觀的思想。但問題在於，儘管如此我們仍必須共同攜手並進這一點。政治社會的原則便油然而生。

今日子——羅爾斯把它形容成「針對正當良善的優先性」吧？

老師——是的。此種狀態下的「正當」稱為權利或是正義。「良善」則是人們視為善，而加以選擇的自我價值觀或生活方式。

宗吾郎——那麼桑德爾對於「正當良善的優先性」是怎麼想的呢？

老師——桑德爾表示有兩個含義。一個是「道德」的優先性。亦即「正當」對於多元良善具有規範優勢，而多元良善僅在「正當」的允許範圍內才能獲得認可。

今日子——**無論良善受到多麼廣大的群眾支持，只要超越「正當」的範圍，就不可能成為社會的共同準則。**是這樣嗎？

老師——沒錯。另一個是「基礎點」的優先性。相對的，必須約束多元良善的「正當」可不依據諸多良善，朝獨立地位且加以正當化。

哲夫——這又是什麼意思呢？

老師——良善的多元化有必要盡可能地加以尊重。但在此同時，為了適切調整多種良善之間的相互衝突，促其和平共存，必須導入正當。在此情況下，若某特定良善取得優勢地位，便無法確保良善的多元化，因此正當必須不憑藉任何種類的良善被加以正當化。

今日子——那有可能嗎？

老師——桑德爾也點出這個問題。所謂以自由主義為前提的人類樣態，是每個人檢選自認為好的良善主體。多元良善之所以受到尊重，也是因為那都是每個人如同上述所檢選出來的。所以，**被檢選出來的良善本身，並非即擁有值得尊重的價值**。這裡就與被檢選出來的良善做出清楚區隔，呈現出純粹選擇主體的人類樣態。

宗吾郎——他所說的純粹選擇主體，是指不會受到絲毫自己生活環境的影響，感覺上是完全獨立的存在吧？

老師——唔。那樣的存在儘管面臨了與自身取捨的選擇無關卻蜂擁而來的負荷，卻能從中獨立出來。桑德爾將那樣的人類樣態稱作**「無牽無掛的自我」（unencumbered self）**，並加以批判。

哲夫——那是羅爾斯在《正義論》中所描繪出的人類樣態。

老師——是的。桑德爾主張，羅爾斯的理論問題正潛藏於這點之中。他表示，羅爾斯的自由主義是根據康德哲學，成為所謂的「義務論式自由主義」。換言之，那是以一個超越現實的經驗世界、獨立超脫且自由的「超越論式主體」為前提，被視為根據先驗性奠定的絕對道德法則，比起正義、良善或幸福，無條件地處於優勢地位。

今日子——那部分就理論而言是沒問題的吧？

老師——到這部分為止還沒問題，不過後面就不行了。另一方面，由於羅爾斯將本身的正義論與康德的形上學相互切割，將之視為更為實際的理論，因此引用休謨的探討，記述正義成為必要的「正義的環境」。但是康德屬於德國觀念論，而休謨屬於英國經驗論，兩者原本就是相互對立矛盾的思想。

宗吾郎——我了解那種理論上的矛盾，卻不覺得它是非常關鍵性的問題。

老師——其中可是有個關鍵性的問題呢。例如，羅爾斯的理論特徵在於提倡「正義兩大原則」、「原初狀態」，還有「反思均衡」。而正義兩大原則中的「差別原則」，為賦予矯正差別理論基礎的劃時代思考。這在前兩堂課中也介紹過，大家還記得嗎？

今日子——社會中每個人都有各種不同的境遇，從而產生貧富差距。不過那樣的境遇差別是偶然的產物，所以有必要加以矯正。也因此，即使是與生俱來的天賦所造就的財富，也應將其視為社會全體的共同資產重新分配。是這樣的思考吧？

老師——正是如此。根據這樣的思考，就能在不立足於特定良善概念的情況下，對於多元良善的追求賦予一定的規範框架。不過，這會不會有點奇怪呢？

宗吾郎——您是說，這樣的理論或許已經立足於特定的良善概念了？不，應該說是

「不平等是不行的」這點……

老師——大概就是這麼回事。說得更準確一點，正當之良善的優先性，其理論基礎在於尊重每個個體，那麼上述思考不就違反了這樣的理念嗎？

哲夫——因為某人與生俱來的天賦被運用在他人的利益之上，那個人就會變成被利用的一種手段了。

桑德爾如此闡述正義

老師——桑德爾針對羅爾斯理論的此等問題，預測對方大概會這麼回答，「成為手段的，僅止於哪個人偶然與生俱來的天賦的部分，並非其本身」。但是，那樣的自我樣態是種「被徹頭徹尾剝奪具體性」的存在。而那樣的自己到底還有什麼意義可言？這就是桑德爾的批判。

今日子——把人家說成這樣，那桑德爾自己提出了什麼樣的正義論呢？

老師——桑德爾首先質問，將共有「我」的資產的人視為「他者」，是否永遠適當。

他的訴求是以互為主體性（Intersubjectivity）的觀點理解自我。我們來看看他的形容。

「多虧我之外的人們存在，才有如今這個稱為『我』的人存在。**正是這些他者，持續以各種不同的方法構築出這個稱為『我』的人**。這樣看來，只要是我能同一（Identify）的這些他者，將其視為對於『我的』成就達成也幫忙出力的人，從而此等成就達成所帶來報酬的共同收取人，都被認為是適當的」。

宗吾郎——我頗能理解這種想法，無論何種成就都不是單憑一己之力達成。像在公司裡也一樣。雖然會有程度上的差異，但是所有一切都是憑藉他者某種形式的幫助才能達成。

哲夫——我不太明白他和羅爾斯的差別耶。

老師——也就是說，即使這兩個人都認同差別原理，不過羅爾斯認為自己的成果是偶然的產物，所以要和大家分享。相對的，桑德爾則認為**自己的成果是憑藉他者之力所獲得，所以要和大家分享**。

哲夫——原來如此。

老師——在此可以看出一種對於人類樣態的觀點，那就是所謂的「自己」並非自給自足、毫無負擔的存在，而是為自己以外的他人背負許多東西，從中奠定足以

桑德爾所描繪的人類樣態

情境自我（擁有位置的自己）
（桑德爾）

毫無負荷的自己
（羅爾斯）

人類存在於人們互為彼此關聯繩結的共同體中

支撐自我立足之處的存在。

今日子——人不是毫無負荷的自己呀。

老師——是的。此外，他還說人是「情境自我」(situated self，擁有位置的自己)。換句話說，桑德爾將某一成就自己，人們互為彼此關聯繩結的歷史性總體的共同世界或共同體視為大前提。

宗吾郎——桑德爾所謂的共同體是什麼呢？

老師——桑德爾區分為三種社群概念。第一種是「工具概念」，這是將社群視為實現個人私利私欲的手段，那樣的社群對於個人而言，僅止於外在性。第二種是「情感概念」，也是羅爾斯的立場。社群成員同時認同社會合產(Coproduction)

所萌生的情感羈絆。從這點來看，社群對於個人來說，變成部分內在性。

第三種是「組成概念」，桑德爾的立場即為此。他表示，社群是自發形成的集團，不若聯盟或協會等的選擇關係，為發掘的依戀。那並非單純屬性，而是構成本身認同的要素，也是以和他者關係為前提的「互為主體性」。

哲夫——我現在明白為什麼桑德爾會重視共同體了。

思想獲得更新

老師——然而，如同前面所說的，桑德爾是當今仍活躍於相關領域的思想家，所以他的思考也隨時在進化。

今日子——講到這裡我才想到，老師一開始說，他為了因應羅爾斯的變節，在第二版增加了補充部分吧？

老師——沒錯。羅爾斯於一九九三年發表《政治自由主義》。我們在前兩堂課也曾提到，他對「交疊共識」的重視引發了正義論倒退的批判聲浪。

今日子——那部分不是和桑德爾等人的社群主義比較接近嗎？

老師——確實也可以從這個角度來看。因其削弱了普遍主義（Universalism）的主張，考量到共同體的傳統概念。但是桑德爾仍對羅爾斯提出批判。因為羅爾斯在《政治自由主義》中，要求於政治、公共領域，以及探討特定哲學、道德、宗教立場或總括性學說時，都必須擱置判斷。據桑德爾所言，不但實際上無法做到，其理論也不甚理想。

哲夫——他在後來的著作中，思想應該沒有大幅度改變吧？

老師——或許可以說，他在出版《自由主義與正義的侷限》之後，探討主軸出現了大幅的轉換。

宗吾郎——咦，不再重視共同體了嗎？

老師——不是的，那一點並沒有改變。而是他所著重的部分。也就是說，他的焦點逐漸轉移到具體政治社會的理想樣態相關的實踐探討。他於一九九六年發表的《民主的不滿》（*Democracy's Discontent*）中，提出這樣的診斷：自美國建國以來，歷史上自由主義與公民共和主義（Civic Republicanism）不斷持續著對立立場，不過公民共和主義正逐漸遭到揚棄。桑德爾是希望藉由發掘公民共和主義傳統的可能性，摸索出一條克服當今各種問題的道路。

哲夫——那個公民共和主義有什麼具體內容呢？

老師——公民共和主義的主張有以下幾點。首先，人們具有自我統治的自由，此等自由讓人們得以歷經共同研議與決定，逐漸形成構成政治社會價值原理的共同善。還有與上述自我統治相關的力量，即為以公的力量逐漸養成公民德性的陶冶計畫的必要性與正統性。

今日子——公民共和主義傳統和桑德爾所說的「情境自我」，兩者又有什麼關係呢？

老師——在現代社會中，個人是非常微弱的存在。因為我們必須面對如全球經濟怒濤等各領域的未知問題。為此，桑德爾揭示「多面向情境自我」（multiply-situated self）的人類樣態。他主張，不僅止於區域社會或國家，更要進一步促使公民共和主義傳統在國際社會的多元政治舞台重新活化。

哲夫——他是想要將情境自我應用到全世界吧。

老師——尤其桑德爾近年來也針對金融資本主義或貪得無厭的資本主義，亦即過度市場經濟提出強烈警告。

宗吾郎——我們今後好像得更加關注桑德爾才行呢。

老師——希望今天的課程能夠做為大家了解他的哲學思想的踏板。總共十五堂的課程到此也告一段落。各位覺得如何呢？

宗吾郎——哇，我好久沒這麼用功了。腦袋除了被活化之外，說不定也變年輕了。我正好即將邁入人生的第二個階段，多虧老師，才能踏出成功的第一步。

今日子——我對哲學的興趣變得比以前更強烈了。不僅想要盡可能地多讀點古典哲學書，而且慢慢覺得自己應該也能讀得通了呢。

哲夫——我終於對哲學產生興趣了耶。至少不會再對哲學感到過敏。而且面對人生的煩惱，好像也能夠逐漸看清楚方向。

老師——大家的感想雖然不盡相同，不過都能樂在其中，似乎也得到對於日後生活的若干提示，所以我覺得非常滿足。大家都辛苦了！

※參考書目

《自由主義與正義的侷限》（原著第二版）（菊池理夫譯，勁草書房）

超譯《自由主義與正義的侷限》名句

「身為原則的正義，其理想本身即內含極限。」

「多虧我以外的他者存在，才有如今『我』這個人的存在。
正是他們逐漸構築出『我』。」

「所謂的社群不僅是屬性，
而是構成參與者共有之自我理解的共同體。」

其人其事

邁可・桑德爾 Michael J. Sandel（1953～）

美國政治哲學家，哈佛大學教授。批判羅爾斯的《正義論》，因 80 年代的自由主義和社群主義論者激辯逐漸受到注目。他在哈佛大學所開設的課程「正義」，是一堂甚至吸引電視台播放的熱門課程。著有《自由主義與正義的侷限》、《民主的不滿》、《反完美案例：基因工程時代的倫理學》（*The Case against Perfection:Ethics in the Age of Genetic Engineering*）等書

給對桑德爾有興趣的你 **推薦書單**

《民主的不滿：美國在尋求一種公共哲學》

勁草書房｜桑德爾著｜金原恭子等人譯

能夠了解九〇年代的桑德爾思想

《正義：一場思辨之旅》

早川書房｜桑德爾著｜鬼澤忍譯

桑德爾闡述正義的著名課程

《現代的社群主義以及「第三道路」》

風行社｜菊池理夫著

得以了解現代社群主義的論述

※台灣相關出版品

邁可・桑德爾著，樂為良譯，《正義：一場思辨之旅》，雅言，2011。

邁可・桑德爾著，吳四明、姬健梅譯，《錢買不到的東西：金錢與正義的攻防》，先覺，2012。

邁可・桑德爾著，黃慧慧譯，《反對完美：科技與人性的正義之戰》，五南，2014。

邁可・桑德爾著，林詠心、蔡惠伃譯，《為什麼我們需要公共哲學：政治中的道德問題》，麥田，2014。

結語——享受哲學的方法

大家覺得《世界第一好懂的哲學課》如何呢？就算是大家一起讀哲學書，有人或許還是覺得很難。但即使如此也無妨，畢竟在本書之後還有閱讀原書的樂趣等著你呢。

我在前言中也曾提到，所謂的哲學，隨著我們人生經驗的日益豐富，將會有更為深層的領略。所以本書並不是一個結束，我衷心期盼大家能將這個課程視為一個契機，繼續邁入哲學深層底蘊的愉悅世界。

最後，我想談談**哲學本身的樂趣**所在。本書中介紹了享受哲學名著的方法。事實上，這些名著都是哲學家的思考成果，而所謂的享受名著，除了跟著體驗他們思索的過程共同思考之外，別無他法。

但是，探索哲學並不等同於閱讀哲學書籍。**哲學本身是一門探究事物本質的學問**。藉由思考也不是這樣、也不是那樣，一步步貼近事物的本質或核心。

哲學名著就某種意義而言，可說是上述探索的引導書籍。閱讀名著之餘，跟著體驗同樣的思索後，接下來就必須靠自己加以運用。如果能夠做到這一點，才稱得上是完全將名著的內容加以內化。

名著中，充滿了**促使自我思考的提示**。我想閱讀過本書的各位讀者，應該非常了解這一點吧。

當然，即使不學習哲學，人還是能夠針對事物進行思考。如同帕斯卡所說的，人是會思考的蘆葦。不過，若能精通各種思考方式，不就能更為廣泛地深入思考嗎？世界也會逐漸呈現出截然不同的面貌。哲學這門學問便是為此而存在。

也就是說，如果有人一直以來只著眼於表層事物，將隨之被潛藏其後的背景或本質所吸引。哲學就像這樣，能讓我們的人生變得更為豐富、充滿樂趣。期盼大家能以這個角度重新審視哲學的意涵。若能如此，對我這個為哲學的普及努力不懈的人來說，是無上的榮幸。

本書進行之際，承蒙多方人士鼎力相助。特別是PHP Editors Group的田畑博文先生，不但給我執筆機會，從構想階段到成書，始終給予我強大的支持力量，我想藉此機會向他致謝。最後，再次感謝閱讀本書的所有讀者。

二〇一〇年十一月 小川仁志

世界第一好懂的哲學課

一口氣讀懂15本哲學經典名著（新版）

世界第一好懂的哲學課：
一口氣讀懂15本哲學經典名著／
小川仁志著；鄭曉蘭譯
－二版.－臺北市：麥田出版：
家庭傳媒城邦分公司發行，2016.2
譯自：世界一わかりやすい哲学の授業
ISBN 978-986-344-312-4（平裝）
1.西洋哲學
140　　　104029256

作　　者　小川仁志
譯　　者　鄭曉蘭
責任編輯　林如峰
國際版權　吳玲緯
行　　銷　艾青荷　蘇莞婷
業　　務　李再星　陳玫潾　陳美燕　枡幸君
主　　編　蔡錦豐
副總經理　陳瀅如
編輯總監　劉麗真
總 經 理　陳逸瑛
發 行 人　涂玉雲

出　　版
麥田出版
台北市中山區104民生東路二段141號5樓
電話：(02) 2-2500-7696　傳真：(02) 2500-1966
網站：http://www.ryefield.com.tw

發　　行
英屬蓋曼群島商家庭傳媒股份有限公司城邦分公司
地址：10483台北市民生東路二段141號11樓
網址：http://www.cite.com.tw
客服專線：(02)2500-7718・2500-7719
24小時傳真專線：(02)2500-1990・2500-1991
服務時間：週一至週五09:30-12:00・13:30-17:00
劃撥帳號：19863813　戶名：書虫股份有限公司
讀者服務信箱：service@readingclub.com.tw

香港發行所
城邦（香港）出版集團有限公司
地址：香港灣仔駱克道193號東超商業中心1樓
電話：+852-2508-6231　傳真：+852-2578-9337
電郵：hkcite@biznetvigator.com

馬新發行所
城邦（馬新）出版集團【Cite(M) Sdn. Bhd. (458372U)】
地址：41, Jalan Radin Anum, Bandar Baru Sri Petaling,
57000 Kuala Lumpur, Malaysia.
電話：+603-9057-8822　傳真：+603-9057-6622
電郵：cite@cite.com.my

封面設計　高偉哲
印　　刷　漾格科技股份有限公司
初版一刷　2013年6月
初版六刷　2013年8月
二版一刷　2016年2月
定　　價　新台幣320元
I S B N　978-986-344-312-4